EFFECTIVE
“高效领导力”系列
全球累计销量百万册

高效领导

成功领导的行动指南

[英]约翰·阿代尔（John Adair）著
霍亚迪 译

浙江人民出版社

约翰·阿代尔
John Adair

国际公认的领导学权威

约翰·阿代尔是世界上关于领导力和领导力发展的领军权威之一，被誉为“欧洲的彼得·德鲁克”。

约翰为巴克莱银行、劳埃德TSB银行、英美烟草公司、杜邦公司、英国皇家空军、英国奥林匹克委员会等机构提供管理咨询服务，他是许多企业、政府部门、非政府组织的管理顾问。全球超过100万名经理人参与了他倡导的以行动为主的领导模式（Action-Centred Leadership）项目，他的理念和方法启发和激励了整整一代的管理者。

约翰出版过50多部著作，其中包括畅销书《不是老板而是领导者》（*Not Bosses But Leaders*）、《约翰·阿代尔领导力词典》（*The John Adair Lexicon of Leadership*）、《鼓舞人心的领导》（*The Inspirational Leader*）、《如何培养领导者》（*How to Grow Leaders*）以及EFFECTIVE系列等。

目录

CONTENTS

EFFECTIVE DECISION MAKING

前　言 / i

导　论 / iii

第一部分：理解领导力

01 领导者应有的样子 / 3

02 必备知识 / 18

03 必做事项 / 26

04 厘清条理 / 47

05 实际应用 / 57

第二部分：培养领导力

06 规定任务 / 69

07 规划工作 / 76

08 工作简报 / 89

09 管控职能 / 100

10 工作评价 / 111

11 激励团队 / 126

12 组织能力 / 138

13 以身作则 / 152

第三部分：领导者的成长

14 你的公司培养领导者吗？ / 161

15 领导力自我培养计划 / 175

附　录 / 190

前言

EFFECTIVE DECISION MAKING

PREFACE

欢迎阅读全新修订的《高效领导：成功领导的行动指南》(第二版)。1983年，本书首版问世，此后年年重印。

谈到修订图书，往往就有作者将原本的佳作破坏殆尽。本人修订时，慎之又慎。就像技艺精湛的画作修缮师一样，我将修订工作限制在删除老旧内容，在书中各处代之以新的例子和案例分析。如此一来，读者在品味初版内容的同时，也可以感受到新版深入浅出、绘声绘色、新意盎然的特色。

衷心希望本书能成为广大读者的智慧指南、坚强后盾和励志好友，陪伴大家在提升领导力的道路上不断向前。

约翰·阿代尔

导论

EFFECTIVE DECISION MAKING

INTRODUCTION

近年来，人们对领导力的看法发生了翻天覆地的变化。如今，人们的教育程度更高，更能言善辩。想同往日一样，对他们耳提面命、颐指气使已经行不通了。纵观全球，人们越来越希望“好领导、永在位”。这就是我们一同踏上本书旅途的背景。

本书目的简单，旨在帮助读者提高自身领导能力。

笔者假定各位读者个人对领导力很感兴趣。你可能隐约感觉，或受旁人点拨，明白自己所处的职位需要领导力。你可能领导资历颇丰，也可能刚刚踏入管理职业生涯，有望成为领导者。无论是哪种情况，领导才能至关重要。

那么，如何提升领导力呢？

◎ 全方位激发自己的领导意识。也就是说，你要意识到在何种情况下需要发挥领导力，何种情况下为自身领导力不足。同样，还需要意识到社会价值观的转变，以及随之转变的行业价值观。这样，当人们可以自由采取有效的方式合作时，你对优秀领导力的认识便会加深。

◎ 对领导力的原则、要求和作用形成自己的理解。许多管理人员领导能力弱，是因为他们忽视领导力。从来没有人向他们介绍过领导力的作用，他们自然而然地忽略了一些重要的因素。优秀的领导了解各种领导者行为，明白何时需要发挥哪一层级的作用。

◎ 提升自身技能，发挥领导力的必要作用。本书不仅会谈及何时采取某一特定行为及其背后原因，也会提及具体的方法。广义上来说，这就会涉及采用何种技巧，即你要采取何种方法，帮助自己实现理想的目标，成为更好的领导者。但本书不会陷于传授各种雕虫小技，即刻板机械的方法，因为传授这些技巧会影响对领导艺术整体的学习。关注领导力的基础知识，把机械的技巧留给那些大忽悠们吧。

读完本书后，笔者希望能燃起或加深你对领导力的兴趣，让你相信领导力内部也有结构，让你充分了解提升自身能力的途径。

本书使用方法

想要充分利用本书，最好先通读一遍领会大意，然后回头完成所有问题清单及练习。

如果你能邀请一位朋友或者同事监督你答题，就更好了。

阅读本书不必遵循从头读到尾的顺序。本书的组织结构是从普遍到具体，从整体到局部。有些人喜欢从具体开始，比如练习、技能或技术，然后过渡到普遍。如果你也是如此，最好从第二部分开始，认真操练，然后再读第一部分。第三部分的想法更贴合实际，这么设计是为了进一步激发思考。对于很多章节，你可能想调换阅读顺序，先做完章节后的清单练习，再阅读章节内容。那就根据自身的喜好和习惯的学习方法，决定如何阅读本书吧。

学习方法

不论你采取何种方法，多么认真地阅读本书，如果你没有下意识地将本书的要点和生活中的经历相关联，那么，在领导力的学习中，你仍将一无所获。要记住，人是靠下图所示的互动学习的：

原理 / 理论 + 经验 / 练习

只有当共性和现实这两极之间产生了火花，学习才会发生。所以，两者你都需要。本书中各种案例分析和例子都是为你设计好的“垫脚石”：

原理→他人例子→个人经验

同样，原理和经验要来回验证。现实中，你有对领导的观察，也有个人获得的实际知识，这些都是实用的知识。这些知识必须要经过个人思考，积极有效地与书中呈现的想法关联起来。

所以，边读边思考。时而放下手中的书，回想自己职业生涯中的事情，哪些是本书解释得更为透彻的，与间接案例相比，个人反思更利于理解领导力。掌握一些领导力的原理、指导原则和特点清单很有意义，可以减少你从经验中学习的时间。正如亨利·福特（Henry Ford）所说：“当一个人准备从‘经验大学’毕业时，他已经年迈到无法工作了！”萧伯纳（George Bernard Shaw）补充说，你在这所艰苦的大学所付的学费格外昂贵！没有事物能阻止你犯错，因为课本学习与实践智慧不尽相同。但是用试错的方式来学习领导力，代价不菲、耗时巨大。但如果能从他人的错误中汲取经验，这样既省钱又省时。学习领导力的新手，要把这本书当作一个尚未探索的国度的“草图”。实际的情形并不总会像手中的草图那样。不久，读者就能绘出更精细的地图，但本书至少能抛砖引玉。

当然，什么也无法企及我们通过经验学来的知识。对于经验丰富的领导者，本书可能无法传授新知识，但可以帮助他/她更好地梳理所了解的知识，以便更好地进行应用。

三环模型（见本书第34页）极具价值，是笔者个人对领导力理解的核心。

方框的使用

本书主要是一本实用指南，但笔者也希望能让读者乐在其中。笔者在方框内述说了有关领导力的奇闻轶事，作为正文主题的点缀。之所以这么做，就是想通过列举业已成功、举世闻名领导者的一言一行，进一步激发读者的思考。其中部分已经出现在我早先的书中，但我会再次使用它们，因为它们都是典例。我把它们放在方框内，这样一来，如果你想忽略它们，可以全部跳过，也不会遗漏正文的要点。但是，你可以把方框中的案例和正文中的观点联系起来，这么做会让你受益匪浅。这也可以是你第一遍读完之后，给自己的深化练习。

你会发现，我所选的引言主要来自真正的领导，而不是一些学界人士。这么做的原因是我发现他们的引言更有用。但是，一些军官的话有待后人评说。难道我是推崇在企业中进行军事化管理吗？显然不是。从本质上来说，领导力不属于军事、男性或西方：它是人类的一种普遍现象。

但是，领导力的构成，即品质、作用、原理，在任何领域都是一样的。我默认读者有充分的创造才能，能够在自己工作之外的领域里学习领导力课程，因为想要成为一位训练有素、教育良好的领导，你需要“触类旁通”。

这些例子取自历史或者与你相关的另一领域，内含原理或通用之道。笔者会帮助你辨认出这项原则，并将其应用到自身所在领域。书中给出了例子，我希望借此促使你开始整理自己的领导力案例集，以此加深对本书的理解。

◀ 第一部分 ▶

理解领导力

对绝大多数人来说，理解是开启行动大门的钥匙。你需要了解该领域内的研究发现，接受或形成有关领导力的一些总结性或综合性的概念。随着你在本书中探索领导力的相关问题，这些概念能够指导你或者为你指明方向。

读完第一部分各章节，完成清单练习、课堂练习和案例分析，你将会：

◉ 了解领导力的三大方法，明白它们是如何同基于三环模型（见第34页）构建出来的领导理论相结合的。

◉ 更清醒地意识到任务、团队和个人三个领域之间各种具体的互动方式。

◉ 明白如何在不同层级上发挥领导力，比如在公司背景里的团队领导、运营领导和战略领导。

01

领导者应有的样子

理智和冷静判断，是领导者尤为重要的品质。

——塔西佗（Tacitus）[1]

事实上，一些人具有与生俱来的优势，能对他们的同辈产生主导型的影响，领导才能使他们脱颖而出。这种现象自然而然，也神秘莫测。在每个社群里、每种环境中、每个文化层次上，这一点都十分明显。无论是在中小学的孩童中，大学的学生中，工厂、船坞和矿场的工人中，还是宗教团体和国家的政权中，总会有一些人物，他们身居高位，威名远扬，影响着大众的行为。

1934年，杜伦主教汉斯莱·亨森（Hensley Henson）在圣安德鲁斯大学发表领导力的演讲中如是宣讲。自古以来，人们一直在努力理解“领导力”这一自然现象。到底是什么能让一个人影响同辈？

和汉斯莱·亨森所想的一样，绝大多数人认为领导力是“与生俱来

1 塔西佗（Tacitus），古罗马历史学家，他提出的“塔西佗陷阱”十分有名，主要内容是：当政府不受欢迎时，好的政策和坏的政策都会得罪人民。——译者注

的优势”。也就是说，一个人有没有领导力，出生的时候就决定了。天生的领导者会自然而然成为领导者，因为他的思想、精神和性格会让他获得“不容置疑的领导头衔”。要注意，巧合的是，古人们下意识地认为领导力是男性的特权。1934年以来，诸多领导者、领导研究者以及领导培训师动力十足，列出了他们认为天生领导者必备的重要品质。这么做的难度在于，即便对于同一品质，不同人的用词也不一样，每个清单迥然不同，列得很长。实际上，学习领导力的学生列出的品质中到底有多少能算得上是品质，也令人质疑。英语中，大约有17000个词可以用来描述性格。

> 1940年，明尼苏达大学查尔斯·伯德（Charles Bird）教授观察了20个关于领导力的实验研究，发现在三份以上清单中出现的品质只有5%。
>
> 美国商业期刊《财富》对75位高管进行了问卷调查，列出了15项高管品质：洞察力、主动、正直、有远见、有活力、决心、人际能力、果断、靠谱、情绪稳定、公正、有抱负、奉献、客观和合作。调查的75位高管中，1/3的人认为这些能力不可或缺。他们的回答显示，这些特质没有普遍接受的定义。例如，“靠谱”一词的定义就有147个不同的概念，一些高管甚至给出了8到9个概念。

除了这种显而易见的混淆，品质罗列法还有一个缺陷：它无法为培养领导力打下坚实的基础。“史密斯不是天生的领导。”一位经理这样描述自己的下属。那么，这位经理能做什么呢？史密斯能做什么？人们认为领导者是先天造就，而非后天培养，这样就会强调选拔，而非领导力训练。这种观点往往认同尽早找出天生有领导才能的人，也会滋生“领导力无法培养”的态度。但是，这种想法现在备受质疑。

领导力是先天造就，而非后天培养

乔尼·约翰逊（Johnny Johnson），空军少将，第二次世界大战期间，为英国战斗机司令部王牌飞行员。他在1956年的传记《联队长》（*Wing Leader*）中回忆道，当他听到传奇少校道格拉斯·巴德（Douglas Bader）在法国上空被击落时，感到了一阵失落。

“在坦迷尔空军基地，鉴于巴德的飞行能力，我们认为他既是战斗机飞行员，也是领导者，但对我们来说，天空将不再相同了。那个说起话来自信、急切、盛气凌人的少校离开了我们。他时而告诫我们，时而训斥我们，但在战争中，却能将我们拧成一股绳。少校中的谋士之王已然离去。今天象征着一个时代结束，一个即将成为传奇时代的结束。

“‘领导力的品质飘忽不定、触不可及，永远也无法习得，一个人要么具备这些品质，要么就不具备。’巴德具备所有的领导品质，每次飞行，他都向我们展示了如何发挥领导力。不论人们把勇气、精神、决心和骨气称作什么，他都教会了我们这些品质的真正含义。他已离去，他说的要点指引着我们前行的路，我们是时候跟上他的步伐了。”

然而，人们不能完全忽视品质法（qualities approach）。

之前学习领导力的学生往往会这么做。比如说，美国著名心理学家、《领导力文献选读》（*Leadership: Selected Readings*）编者C. A. 吉布（C. A. Gibb）总结说：“领导者不是有着特定不变特质的人。”

实际上，与此相反，我们现在确实了解了一些领导者该有或将有的个人品质和特征。虽然没有人能够在这个领域内盖棺定论，但我想大致给出一个可行的区分标准，划分出所谓的典型品质和共有品质。典型品质基于某一给定工作情况；共有品质则在领导层中更为显著，不论历史上哪个时期，几乎所有领导者都有。

你需要具备的品质

先谈一谈典型品质。领导者往往具备或体现出一些自己所在工作组所需要的品质。血气方刚算得上是绝大多数的军队领导力的要素，虽然这不能让你在沙场上成为领袖，但少了它，没有人能成为领袖。如果你想成为销售经理，在很大程度上，你要具备好的销售应有的品质。工程部门的领导者应该有工程师的特点，不然就不能服众。所以，领导者应该体现团队的特征。人们在工作中都会体现出优秀品质，比如优秀的护士会体现出同情、善良、关怀和礼貌。但如果你作为领导者都体现不了这些优秀品质，就不能指望别人在日常工作中体现出来。所有这些都要求以身作则，千万别说一套做一套。

由此可以理解为什么领导力源于使命感了。领导力属于人力范畴，在服务他人的过程中，你的才华、兴趣、资质和性格能得到最大限度的应用。比如说，只有优秀的护士和优秀的科学家才有机会成为领导者。所以，由此推论，你需要找到自己真正的职业认同感。我在《如何真正找到你的职业》（*How to Find Your Vocation*）中给出了一些方法。

在那本书中，我提出了一个观点：领导力真的是“第二职业”，它时时刻刻植根于一个人的本职工作，却也会突如其来地带来惊喜。所以，你需要在人生的早期阶段努力工作，找到自身的专长，也就是你真正的工作和行当。

怎么才能知道一个人找到了天职了呢？诗人W. H. 奥登（W. H. Auden）给出了一个简单的测试方法：

想知道一个人是否真的找到自己的职业，
你无须看他在做什么。
你只需要盯着他的眼：
做酱汁的厨子，
进行一期手术的医生，
完成一份提单的员工，
都有着专注的表情；
都会忘我地工作。

每天早上，你的团队看到你带着什么样的表情？

领导力的共有品质

法国作家马塞尔·普鲁斯特（Marcel Proust）曾经写道："画家为了画一座教堂，需要参观多座教堂。与此相较，作家更甚。就像文学想要获得现实感一样，作家为了获得共性，往往在刻画一种情感前需要对很多人进行观察。"

在我漫长的职业生涯中，我有幸见到不同领域的许多领导者，也读过、听过很多领导者的事迹。这些出色的领导者身上都有一些共同品质，虽然并不会体现在所有人身上，但确实会在我的脑海中凸显出来。出色的领导者都有这些优良品质，世界各地的人们也希望在领导者身上看到这些品质。1930年，时任加拿大总督兼作家的约翰·巴肯（John Buchan）在圣安德鲁斯大学发表了一场演讲，我认为这场演讲意义重大。他列出了自己认为领导者应该有的品质，但也机智地补充说："我们可以列出领导者的精神品质，但却无法列尽。"他说的没错。所以，我下面列的单子只指明了一些品质，却没法列完。这个清单是开放式的，可以酌情增减。清单如下：

◎ 活力四射。

◎ 为人正直。

◎ 严苛公正。

◎ 了解人性。

◎ 为人谦逊。

练习1：领导者的品质

在进一步阅读之前，拿出一张纸，在顶部写出两个你认为可以算作领导者的熟人。

结合上述品质，每一项以10分为满分，给他们打分，看看能否在他们的身上发现这些品质。你能想出一些体现某种特殊品质的小事吗？

活力四射

想想看，在你熟知的领导者中，有没有因毫无干劲而出了名的？我想不出来。所以，这一条位居品质清单之首。在希腊人看来，充满活力是神赐予的礼物。从词源来说，“活力”一词来自希腊语，字面意思是被神灵附体，用现在的话说，就是具有灵感。活力四射的人的特点众所周知：对一项事业或者活动具有持续不断或浓厚的兴趣；极具热情；对手头上的工作有着强烈几近疯狂的热情。莎士比亚在《亨利四世》（*Henry IV*）中认为活力是“人们奋进向上的动力”。这种品质同时也是企业的生命力。

为人正直

谈过活力四射的品质后，再来谈谈为人正直。中学六年级[1]时，我做了人生中的第一次讲座，题目是“领导力纵览”，其中就提到了为人正直。此后，只要提到领导力，必定会提正直。

陆军元帅斯利姆（Lord Slim）与我交谈时，曾给正直下过定义：“正直是能让人们信任你的品质。”领导者和被领导者之间的互信至关重要：没有了互信，你就一无所有了。

此外，互信很难重建。罗马历史学家李维（Livy）说过：“没了信任，人们的社交往来就失去了意义。”

正直（来自拉丁语*integer*，字面含义是“完整”，拉丁语原词表示整数）在提到人的时候，表示的是真心遵守自身之外的价值观和标准，

1　中学六年级（the Sixth Form）传统上是指英国中学教育的最高级，该年级学生一般多为16—18岁，经过一年至两年的学习，参加普通教育证书高级考试（Advanced Level），即可申请读大学。——译者注

尤其是真理，即实事求是的统一。人们提到学者和艺术家，会说他们有诚信。他们不自欺欺人，也不欺世盗名。他们不会弄虚作假。正如奥利弗·克伦威尔（Oliver Cromwell）在致友人的信中所说："狡猾会骗人，但正直永远不会。"

从这个意义上来看，为什么正直的人会让别人信任？这个问题我会留给读者思考。诚然，任何故意撒谎误导他人的人，终将失去人们的信任。

生活中不乏有些情况会考验你的正直，有时候会体现出人的本性。一个正直的人能够通过这些考验和诱惑。拉迪亚德·基普林（Rudyard Kipling）在他的诗《如果》（*If*）中写到了这种精神美德，以轻柔的笔触勾勒出了正直：

当周围的人都失去理智向你发难，
你能保持冷静，镇静自若；
当众人对你心存猜忌时，你仍能自信如常，
体谅他们，胸怀大度；

你耐心等待，不急不躁，
或遭人诽谤，却不以讹传讹，
或被人憎恶，却不冤冤相报，
既不洋洋得意，亦不巧舌如簧。

严苛公正

作为领导者，你必须做到严苛公正。领导力并不是说要广受欢迎，也不是要取悦所有人。因为当领导者做出要求，他们就设定了高标准，他们只要最好。这点并不总是广受欢迎。

著名指挥家奥托·克伦佩勒（Otto Klemperer）希望自己的乐手能奏出最美妙的乐曲，即便演奏得很好，他也不会欣喜若狂。但是一场演出后，他对乐团非常满意，他看着他们说："不错！"乐手们高兴得难以言表，纷纷鼓掌。克伦佩勒却补充说道："也没那么好。"

子曰："君子易事而难悦也。"要注意，物以稀为贵，表扬亦是如此。

进行普通任务时，严厉体现的就不只是要求高。同适应力强和意志坚定一样，这种品质能让人们经得住压力。意志坚定就是说要毫不动摇，往往指的是严格遵守一个道德准则。人们会在领导者身上寻找这种品质。正如阿拉伯俗话所说，"内心没有力量，外在就无法赢得尊重"。圣奥古斯丁曾经祈祷过，希望人们都能有一颗"炽热的心"，对他人有"仁爱之心"，而对自己则有一颗"坚韧的心"。真正的领导者，心中都会有那一份坚韧。

我个人不喜欢战争，但无可否认，我们通过战争可以学到很多有关领导力的知识。纵观3000年来，世界各地，多少人命悬一线，此类危机揭露了人性，尤其揭露了何种领导力能获得最好的反馈。显而易见，对于张弛有度的领导者，士兵会一呼百应。

想被爱戴的领导者和不是领导者的将军

这些领导力类型的经典描述出现在色诺芬（Xenophon）的描写中。他描述了大约1万人的希腊雇佣军的征伐。他们一边参与波斯的内战，然后穿越了先进的伊拉克和土耳其，完成了著名的800英里远征，获得了自由。色诺芬和苏格拉底共同研究了领导力，作为骑兵统帅一同出征。可想而知，受到老师苏格拉底的影响，色诺芬对希腊将军的领导能力进行了敏锐的观察。

维奥蒂亚城的普罗克森努斯(Proxenus)，虽是少年，却志向远大，知书达理。公元前40年，他加入波斯雇佣军，追求名利。虽然缺乏实际的从军经验，但他师承一位军事战略家，作为远征的六位将军之一，也同其他将军有过政治斡旋。色诺芬受普罗克森努斯之邀，远征波斯，为我们这样记录下了他的朋友和同伴：

“他是人们的好领袖，有着绅士风度，但他不能让手下的士兵对他肃然起敬、望而生畏。确实，他在下属面前显得比下属还怯懦。很明显，他并不怕军队不服从命令，他怕的是自己不得军心。”

同样在色诺芬的笔下，他还描述了斯巴达老将克利尔库斯(Clearchus)。

巴比伦城外的库那克斯（Cunaxe）之战中，克利尔库斯的雇主败北，危机随之而来。希腊人面临着两难的选择：要么被奴役，要么踏上凶险万分的长征。这趟长征穿越敌人占领的疆土，通往黑海，获得自由。此时此刻，人们唯克利尔库斯马首是瞻，因为他内心坚韧，而且之前也身处此种情况。他知道该做什么。但色诺芬又把他描述成一个无情的人：除了军队面临危机之外，没有人愿意同他共同战斗。也就是说，他是将军，但不是领导者。

结果，波斯人出现了叛变，他们刺杀了所有的希腊将军。时年26岁的色诺芬成了士兵选出的六人之一，行使将军之职。不用说，色诺芬立志要当了不起的军事领袖，也小有成就。

严苛和高要求应该体现在公正的前提下：真正的领导者不能偏心。皇家海军的一位前舰长如此说：

> 提要求，但不能无理取闹。领导者对下属提要求要不偏不倚。海军中，对直接下属要求颇多的，一般是部门的领导者，他们会让部门的氛围消极阴郁，但领导者对下属太宽容，又会失去对他们的尊重。行事风格一致十分重要，尤其是在坚持原则上。舰长要根据海军的规章制度约束那些已经违规的人，因为他知道，除非犯了大错，不然受处罚的人还会作为在编人员，继续待在舰艇上。水手也理解这么做是为了维持秩序：严厉会让他们心神不宁，但行事不一、过分宽仁也是一样。

练习2：你真的理解担任一把手需要的能力吗?

根据“在领导力中的重要程度”，对如下个人品质榜进行排序，在品质榜写下1—25的顺序号码。此练习可以个人独立完成，也可小组合作完成。

- 抱负
- 工作意愿
- 进取心
- 我行我素
- 决心
- 文笔清晰
- 想象力
- 发现机遇的能力
- 长时间工作的意愿
- 好奇心
- 理解他人
- 精通数理

· 抽象能力
· 正直
· 高效执行力
· 热情
· 谈吐清晰
· 专心致志
· 愿意冒风险
· 领导能力
· 决断力
· 分析能力
· 随遇而安的能力
· 心胸开阔
· 应变能力

翻到第190页，将自己的排序和许多成功主管的排名进行对比。

了解人性

人所共知，冷淡之人无法成为好的领导者。在所有的人际关系中，无论是工作关系还是私人关系，如果有人明显给他人脸色看，他人也就不会以礼相待。俗话说得好：“冷茶冷饭好吃，冷言冷语难受。”

一份温情、一份善意、一份对众人福利的关怀，这些都是好领导的标志。同理心就是要对别人感同身受。但有了同理心后，就要有行动，体现出你的关心。这里的关心就是指把别人的事儿当回事儿，比如同一企业的同事或伙伴。先考虑他人的需求，再考虑自己的。

马尔克·奥列里乌斯（Marcus Aurelius），罗马皇帝，于公元前160年至公元前180年在位，当时是一位世界知名领袖。他在位的大部分时间，都在率领军队对抗日耳曼部落。当时，日耳曼部落从北部侵犯罗马帝国。他天生就是一个善于反思的人，也喜欢将古人的智慧付诸实践。他的《沉思录》（*Meditations*）现在还是经典，其中不乏名言和反思。他写下这些内容，不仅是为了指导作为领导者的自己，也是为了指导众人。

他对自己和所有领导者喊话：“真心热爱那些有幸共同从事的人们。”

为人谦逊

在领导力的话题下，为人谦逊的解释就是不傲慢。任何傲慢的人都不受欢迎，更别提傲慢的领导者了。愿意承认错误或判断失误，而不让别人成为替罪羊，是为人谦逊的标志。专横跋扈、刚愎自用的人可做不到这一点——即便天塌了，他们也认为自己没错。

另一个重要的特征就是心胸开阔，包容挑战自己想法和猜想的观点和看法。最后，终生学习、改变和成长也是为人谦逊会给你的福报。

任何形式的作秀和虚伪都与谦逊格格不入，这就是为什么谦虚的人从不矫揉造作、夜郎自大、妄自菲薄。正如达格·哈马舍尔德（Dag Hammarskjöld）所写，“谦逊就是既不自吹也不自贬”。

小结

> 我听不到你说的话；
> 但你的人格特点在向我呼喊。

这句谚语反映的是个性和性格对领导力的重要影响。

典型品质是在工作组所需要的品质：你要身体力行。

共有品质是领导层都有的品质。他们让所有治理有方的领导者有“群族共性”，不论这些领导者处于什么位置，来自哪个领域，文化背景如何。人们知道他们希望在领导者身上看到什么品质。活力四射、为人正直、严苛公正、了解人性、为人谦逊都是他们的共同特点。但是，这个清单只能列出部分，却不能穷尽。所以，虽然从一个人相比同伴具有更多的品质来理解领导力说得通，但却远非理解领导力的全部。

没人天生就是领导者，但可以成长为领导者。

——喀麦隆巴米累克（Bambileke）民族谚语

清单练习

你具备领导力的基本品质吗?

列出5项你所从事领域内员工所要具备的重要特征或品质。
然后分项给自己打分：优秀、良好、一般。

	优秀	良好	一般
________	□	□	□
________	□	□	□
________	□	□	□
________	□	□	□
________	□	□	□

在下列区间内，圈出适合自己的数值。

非常内向 **非常外向**

5 4 3 2 1 2 3 4 5

（在上面的区间里，领导者往往外向性格稍多于内向性格，也就是说他们兼有两种性格。）

	是	否
你能体现出责任感?	□	□
领导者的职责能带来福利，也要承担责任，你能接受吗?	□	□
你足够自强，接受他人的批评、冷漠和不受待见，能够不用长期监督与别人通力合作吗?	□	□
你是一个积极主动、合群的人吗?	□	□
你可以控制自己的情绪、调整自己的心态吗?	□	□
是否能够证明别人认为你是一个很体贴的人?	□	□
过去三个月中是否有例子能够体现出你对为自己工作的人刻意隐瞒或者兜圈子吗?	□	□
你的工作热情是出了名的吗?	□	□
有人将你和“正直”一词关联起来吗?	□	□

02

必备知识

如果领导者让任何人做事，都是为了炫技，他们很有可能会被下属轻视。

——色诺芬（Xenophon）

理解领导力的第二个主要方法就是时势法（situational approach）。说得极端些，支持这种方法的人认为没有天生的领导者：时势造英雄。一些时势会唤醒一个人的领导力，而另一些时势会激发另一个人的领导力。所以，讨论普遍意义上的领导力，毫无意义。其实这种"时势法"认为，正是时势才会决定谁成为领袖，并采取何种领导风格。对于从事特定活动的团体，谁会成为它的领导者，在给定情况下有什么特点，都是特定时势的产物。

把这个理论说得通俗点，我们想象一下，一艘船搁浅在热带的岛屿上，有一些人幸存了下来。

如果当地的土著人攻击这些幸存者，他们中的士兵可以负责指挥，建筑工人可以负责组织建造房屋，农民可以负责指导种植粮食，每个人各司其职。注意，这种情况下的"时势"主要就是小组的任务。如果飞机在丛林中坠落，负责营救行为的人就不是飞机机长，而是最适合这项工作的人。情势变了，领导者也就变了。

发挥作用的三种威望

“知人善任”法有很多显著的优势，它强调了与某一特定问题情况相关的知识的重要性——正如一位作家所说，“懂行的人才有威望”。广义来说，发挥作用的有三种威望：

◎ 职位威望：如工作职称、军衔徽章、任命等级。
◎ 性格威望：如个人品质的影响。
◎ 知识威望：如专业技术的影响。

虽然过去的领导者往往要靠第一种才能体现受任领导者的权威，但今日的领导者则需要更多地考虑第二种和第三种权威。

> 肯特：在您的神气之间，有一种什么力量，使我愿意叫您做我的主人。
>
> 李尔王：是什么力量？
>
> 肯特：一种天生的威严。
>
> ——《李尔王》（莎士比亚著）

但是专业知识并非全部。初入职场，专业知识尤为重要，此时往往每个人都想成为专家。但随着职业生涯慢慢拓宽，一些通用技能，比如领导能力、沟通能力和决策水平，开始发挥作用。毕竟仅有专业知识无法让你成为领导者，你还需要掌握这些通用技能。

时年36岁的迈克尔，在一家英国医药公司的出纳部门担任“智囊”，前途一片光明。他通过了所有职业考试，精于税务，声名鹊起。他在一家公司一做就是12年。基于“时势法”来看，当这一部门领导职务空缺，他就是理想人选。但即将升职之时，他却被打得措手不及。因为他还没准备好领导众人。公司衰落，部门死气沉沉。很快，他发现自己面临着各种各样的问题，比如部门效率的问题以及人际交流的问题。此情此景，他的税法专业知识毫无用处。他挣扎了一阵，然后绝望地离开了公司，自己创业做起了税务顾问。

活学活用领导力的通用技能，到底有多难？这些技能确实可以活学活用，但往往学习的人做不到。一个可能的原因是，与此相关的人没有另一领域的专业知识。就像武将之勇一样，仅靠这些知识和经历不能让人成为领导者，但却不可或缺。

这并不是说，领导者只能在行业内转行，比如在管理一家汽车组装厂后，改行成为一家电子公司的执行经理，但不可以隔行业转行，比如从工业换行从事政治。相反，这背后隐含的情况是，如果领导者可以很快学会新行业或者职业的基本知识或原理，他们才可能成功。

在某个给定的领域，比如制造业，除了产品类型，还有其他一些情况变量。在这个等式中，公司规模，无论大中小，都发挥着作用。一些商业领袖喜欢一些业绩下滑、员工士气不振的公司，因为这些公司的运转需要“扭亏为盈”。而另外一些领袖则喜欢生机勃勃、技术先进、发展迅速的公司。

苏格拉底谈领导力

“时势法”认为，“谁懂行，谁权威”。第一个教授“时势法”的不是别人，正是古希腊的苏格拉底。苏格拉底自己没有著书，但他的两个学生柏拉图和色诺芬，通过整理苏格拉底与诸人的对话，出了一本著作。从对话中回忆出的内容和原创的内容各有多少，很难评估，但不可否认，最初的灵感来自苏格拉底。

这种情况下，色诺芬和柏拉图通过自己的描述，向我们展示了解释领导力的两个相同的例子和故事，这两个例子都来自苏格拉底。下面是柏拉图版的故事。(想要了解这段摘录文字，需要理解在希腊时代，舵手不仅可以指航海员，也可以指船长。)

“水手在为谁来掌舵争论不休……”

他们不明白，真正的航海员只有了解四季、天象、星向、风向和一切与航海相关的知识，才能成为合格的掌舵者；他们不明白，和航海学问一样，不论一个人是否喜欢掌舵，他都可以通过接受指导和练习掌舵技巧。

一个年轻人找到苏格拉底，希望了解成为领导者的方法。“你没发现吗？没有毫无才能的人，从不可能会去尝试对竖琴师、唱诗班成员和舞者发号施令，他们也不会指挥摔跤的人。能够指挥他人的人，都很明白自己的业务能力从何而来。”

无独有偶，苏格拉底也传授说，从专业技术层次来说，女性知道的比男性多的时候，女性就会被推为领导者，比如雅典的纺织行业就是一个典例。

灵活的重要性

即便是在某一领域，抑或是在其中的一个特定组织里，情况也会不断变化。一些人认为，情况有变就要更换领导者。一家成长中的公司可能需要一位勤勤恳恳、锐意进取的领导者，但一旦生产线搭建完成，占有了市场份额，这个领导者就会斗志不再，遭人取代。

提赛德的一家化工公司新建了一个工厂，生产氨水。委托期持续了多年，这期间历经了多场危机。工厂经常停产，事故不断，工厂系统也出现了各种“问题”。终于，工厂就要完全“投产”。在新的“稳定期”，曾经的首任经理，历经技术挑战，快速成长，却变得格格不入。新经理是一个不太粗暴的人，他花了更多的时间构建良好的工作关系，而这也是新形势所必需的。

当然，答案就是在自己可接受的范围内，尽可能地更加灵活。但要想知道自己可接受的范围实非易事。武断地做出有关假设很容易，但这些假设往往都站不住脚。

马克从没想到，自己在危难时期能够把控全局。他在伦敦南部的一所学校教书。一次假期，他带领一群孩子在威尔士游山玩水。一天晚上，一个男生不服从命令，独自外出后，落入了废弃的矿井。马克不但没有慌张，反而越发冷静，把控全局。营救队到后，救出了落井的男生，他们对马克体现出的领导才能赞赏有加。虽然马克筋疲力尽，却加深了对自己的理解。与自己和同事们想象的不同，他展现出了临危掌控的能力。无独有偶，那年在意大利发生了一起类似事件，但结果更为严重，一个小男孩卡在了狭窄的矿井，现场一片混乱。甚至意大利总统也急急忙忙赶到了现场，领导起来毫无章法，孩童最后毙命。

随着年岁增长，许多人会发现，受到自身资质、兴趣和性格的影响，自己会比其他人更适合在一些领域从事领导工作，比如，一些典型工作状况中需要反应迅速、理解敏捷。

紧急情况捉摸不定。战争中这种例子数不胜数，思维敏捷是致胜关键。

一天，拿破仑与拉斯·卡萨斯（Las Casas）交谈，回想起了自己在突发紧急事件中体现出的难得的敏捷反应力：“说到精神勇气，我很少见到有人能时刻准备着：就是随时应对问题的勇气，这在未知情况下十分必要。虽然事情无法预料，但这种勇气却能让人有充分的自由进行判断和决策。”

拿破仑没有妄自菲薄，毅然地说自己显然具备这种“时刻处置力”，在这方面很少有人能和自己比肩。

正如我所说，“时势法”最主要的就是要谨慎选择自己想发挥领导力的领域。一般来说，兴趣、资质、性格都可以很好地指明方向。比如，我不善音乐，想要指挥维也纳交响乐团就是浪费时间。但一旦选定了某个领域，就要在这个领域内尽量变得灵活些，这样你才能专于读懂情势变化，使用恰当的领导风格应对一切。同时，随着领导力的提升，人们在该领域的专业知识和经验也会丰富加深。

EFFECTIVE LEADERSHIP

了解自己的活动领域

领导者的另一个普遍品质就是愿意勤奋工作，做好准备，充分了解自己的活动领域。经常有人这么跟我说："某人的性格不错，应付工作没问题。"确实，他可以"应付"得了一时，但如果他只是性格好，终有一天他会下岗再就业的。

我对罗斯福总统了解不多，远不及对世界其他领袖了解的多，但就在我有幸与他交谈的几次会议中，他都给我留下了很深的印象，这不仅是因为他能鼓舞人心，还因为他对复杂战事全局惊人的掌控力。他可以同将帅们平起平坐讨论战术。他对战区地形了如指掌，很多千里之外的国度里的模糊地带都清晰地刻画在他的脑海中。罗斯福总统性格很好，但作为参与全球战争的一国领导，他的功课也做得很到位。

——德怀特·D. 艾森豪威尔

小结

"让每个人都能在自己擅长的位置上发挥自己最大的能力。"公元前1世纪罗马诗人普罗佩提乌斯（Propertius）曾经这么写道。作为领导者，就要有你所处的工作情况所需的性格、个人品质和知识。

专业技能和职业知识是维护威望的重要内容。但只有某项工作的专业技能还不够，其他的一些通用技能也很必要。这些技能主要集中在领导力、决策和沟通上。随着你所在领域的情况变化或者本人转行，这些技能都可以触类旁通。

在自己的领域内，你要拓宽自己的工作知识，培养领导他人的能力，这会增加你的灵活度。甚至是在某个特定行业或行当里的各个工作之间，情况也不一而足。社会发展、技术改进、经济发展都会产生影响。你准备好了吗？

职位威望仍然很重要。但这正如喜马拉雅山的登山者不会把自己的性命押在一根绳索上。想要自然而然拥有一名好领导的威望，就要把职位威望、性格威望和知识威望这三者结合在一起。

清单练习
你能把控局势吗？

	是	否
你认为自己的兴趣、动手才能和语言才能、性格适合于自己所处的领域吗？	□	□
你能找到一个自己很可能成为领导者的领域吗？	□	□
你有“知识威望”吗？	□	□
现阶段，你是否尽力接受今后所需的职业培训？	□	□
你有过在一个以上领域或者行业身兼数职的经历吗？	□	□
你会对与自己相近或者可能相关的领域感兴趣吗？	有时	□
	不会	□
	总是	□
你在自己的领域有多么灵活？		
你应对形势变化时，体现了灵活度和手段。你审时度势，采用合适的领导方式予以回应。	十分灵活	□
你在两种情况下证明了自己，但也对一些情况畏难；只有在顺风顺水时，你才会感到顺心。	足够灵活	□
你极度适应某种工作环境，无法应对变化。人们都说你僵化、刻板。	不够灵活	□

03

必做事项

空喊无用，实干先行。

——中国俗语

研究和反观领导能力的第三种方法就是团队法（group approach）。它往往从满足团队需求的作用这一角度来审视领导力，也就是关注必做事项。事实上，如果你仔细观察与领导能力相关的事物，总有三个变量：

◎ 领导者：个人的性格和品质。

◎ 形势：时而稳定，时而多变。

◎ 团队：下属的需要和价值。

团队个性及团队需求

团队不是每个人的简单加总：每个人都有自己的生活和身份。只要一个团队一起工作了一段时间，就有其独特的道德取向。

我把该现象称作团队个性，这个说法借用自英国首相克莱门特·艾德礼（Clement Attlee）。

团队个性

可以说，相比由各部门提供上来的简报观点和信息，组织更高层级的内阁讨论更为重要。但各部部长聚集起来，也不能成为内阁。只有有责任感的人，才能组成内阁。广义上来说，内阁的思考和判断维系着政府的正常运转，而争论公务员推荐的措施则起不到这个作用。值得注意的是，内阁很快就会有自己的团队个性。如果团队高效、富有正义感，首相的作用就是促成这个团队个性；如果不是这样的话，首相就要力挽狂澜，积极修正。

虽然部门领导都说各自的高级顾问的简报差强人意，但没了行政的支持，这些部长们往往也只是纸上谈兵。如果一位部长打算像管理自己的部门一样，插手其他部门，他就会成为众矢之的。一些人喜欢对任何事都评头论足。应当泼泼他们冷水。必要的时候，我会让他们闭嘴，这话说一次就够了。

——克莱门特·艾德礼

实践中，团队个性这种现象表明，在同一个机构中，一个组的工作方式不能复制到另一个组里。

詹姆斯·里弗斯（James Rivers）在北英格兰管理一家高街银行（High-Street Banks）[1]支行已经5年了。他引入了诸多想法，最可圈可点的，就是为员工组织更多社交活动：跳舞、看电影、进行比赛。

1 主要是指在英国的商业大街上遍布的银行，提供便民服务，也被称为“零售银行”，这类银行允许的贷款额度就比较小。——译者注这些活动大受欢迎，詹姆斯也多次受到邀请，谈谈这些创新活动对提振员工士气的有益成效。当他受任成为另一个规模相当的支行经理时，他兴致勃勃地组织了同样的活动，但却无人支持。里弗斯也发现，他最喜欢的一些说法和理念都毫无成效。我感到有点绝望。“风气不一样了”，他这么和区域经理慨叹道，“感觉自己好像是到了外国一样，我根本想不到这是在同一家公司。”

当然，想形成这种企业个性，团队就要经过一段时间的形成期。然后，典型特征才会明朗，团队就会获得团队记忆。尤其是在团队的形成期，领导者可以大展宏图，为团队的显著特征定下基调。

与之前的特性不同，该理论的另一半强调的是团队的共性。在这方面，团队和个人一样：虽然人们外表个性各异，但我们有着共同的需求：午夜时分，往往大家都会感到疲惫；早餐时刻，大家会感到饥饿……诸如此类，不胜枚举。我的模型认为，工作组里存在着三种需求领域：

1. 实现共同任务；
2. 团结一致，作为统一的整体；
3. 每个成员把需求带入团队的个人需求。

任务需求

团队形成的原因之一就是人们无法独立完成有些任务。任务有时限，但整个团队都能感受到吗？人能吃饱，对食物的需求就不会太强烈，同样，如果一项任务正在顺利推进，可以料想到，对团队的需求感就会相对较低。这种情况下，任务完成时，小组内会洋溢着满足感和喜悦感，人都具有社会属性，各种幸福感就是人们最高兴的事，这也标志着人们的需求得到了满足。

但在实现之前，许多小组都度过了“黎明前的黑夜”，这可能是由于小组没有完成既定目标，就要被迫解散。团队成员没有统一的目标奋斗的话，此事所带来的痛苦感可能会弱一些，但要是团队始终一心，就会体现出不同程度的忧虑和沮丧。而公司就会为其失败选出替罪羊；公司就会发生重组，并出现新领导。所以，逆境比顺境更能体现团队的命运。逆境时，团队更需要齐心协力有效完成工作的需求。

团结需求

这一点与任务需求不同，不易察觉：就像冰山一样，对于任何团队来说，绝大多数生活都是在表面下进行的。任务需求围绕着事情转，团结需求围绕着人来转，这个区别对理解的作用不大。

而且，这会让人们想到那些腹背受敌的团队：外部力量想要瓦解它，内部有人鼓吹解散。这样，我们就可以理解团队如何应对内外压力，保持团结。有时在这个过程中，还能显示出极大的创造性。

团队中设计出许多成文和不成文的规则，都是为了不惜一切代价，促进团结，保持凝聚力。调皮捣蛋、践踏标准、打破平衡的人，可能反应不尽相同，从友好包容到怒火中烧。本能上来说，人们会有共同的感受：“团结则存，分裂则亡”；每个人都想要良好的关系，这也是实现共有目标的必要手段。这就需要创造和提升团结需要的团队凝聚力。

在应用这一理论培训领导者时，我决定用“团队团结”，而不用“小组团结”。这样听起来会更加亲切。在英格兰的古语里，最早的“团队”

就是聚集起来的牲畜。当然，今天的“团队”是最常见不过的字眼，指的是游戏或运动中的一方。所以，当今的每个人都知道“团队”是什么。“小组”和“团队”不完全同义，所有的“团队”都可以呈现为“小组”，但并非所有“小组”都是“团队”。

放在今日的工作背景下，“团队”比“小组”更合适。因为团队的关键特征就是为了共同的目标进行分工。比如足球守门员的职责和后卫以及中锋的作用就不同，但一个团队的全体11名球员，不论各自起什么作用，都有着共同的目标。

个人需求

最后，个人也会把自己的需要带进团队，不仅包括吃住这些很大程度上可以通过工资来解决的生理需要，也包括心理需要，包含认可、工作价值感、地位、工作中帮助他人和寻求帮助的深层需求。这些个人需求有时可能比我们意识到的还要重要。

这些需求深深植根于我们人类共有的生活。它们会吸引我们加入或者排斥加入某个团队。这些需求的背后体现的是，人们互相需要，这不仅仅只为了生存，也是为了体现和发展个性。非洲谚语说得好：“发展一个人，要举全村之力。”这种成长体现在各种各样的社交活动中，友谊、婚姻还是邻里关系都会出现，但可以料想，工作团队十分重要，因为很多人绝大多数的清醒时间都是在团队中度过的。

现在有必要反思一下区分团队和个人的重要性，而不是把他们混为一谈，理解为“人”“人际关系”或者更为模糊的“社会情感领域”。当然，个体性和个体特色还能够进一步讨论。如上所述，如果不是提到和他人的关系，我们都不会成为人群。在一些文化的特定时期里，人们往往认为个人从属于团队。隐含的意思就是，相比团队的个人，团队力量更大、智力更高，甚至有时会更具创造力。“团队想要什么”成了最终诉求。尽管各种文化强调的内容不同，但领导者应当时刻意识到团队整体和个人的需求，在实现第三个因素共同任务的过程中，努力协调好两者。

理解个人

个人的需求尤为重要，它和个人动机相关，而动机又与领导力紧密相连。领导者需要做的一件事就是奖罚结合，激励员工。但是另一套理论认为，你我很大程度上是通过回应内在需求而激发自我的。作为领导者，你有必要理解这些个人需求以及工作原理，这样你才能顺着人性工作，而非逆人性而为。

这个领域和其他领域一样，你有必要有张“示意图”。这里，A. H. 马斯洛（A. H. Maslow）“需求层次”的概念仍有价值。他指出，个体需求要根据高低排序，在人类身上更为明显。这些需要往往体现在金字塔模型里，实际上马斯洛并没用图示体现。

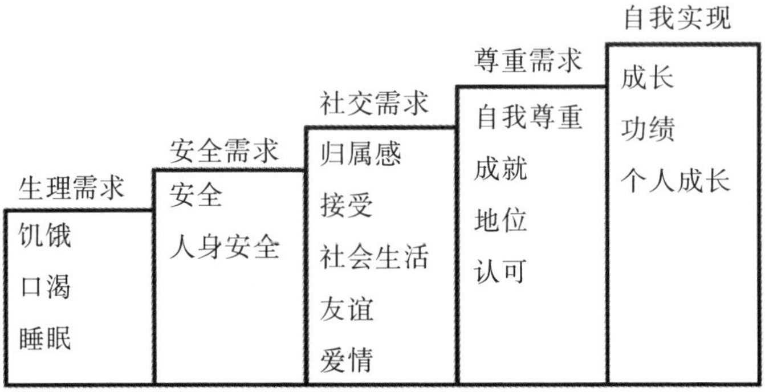

马斯洛需求层次框架模型示意图

◎ 生理需求：人类对食物、居所、保暖和其他与身体相关的需求。

◎ 安全需求：有免受危险的需求，也有获得身体、心灵和情感安全的需求。

◎ 社交需求：涵盖对归属感和爱情的需求，团队和机构的成员感的需求；心有所属或者与人陪伴的需求。其中隐含了给予爱和接受爱，还有与人分享或阖家幸福的需要。

◎ 尊重需求：分为密切相关的两类：尊重自己和来自他人的尊重。第一类包含我们尊重自己，感受到个人价值、能胜任和有能力的需要；第二类包含我们要被他人尊重、赞赏、认可以及享有地位的需要。

◎ 自我实现：奋发取得成就的需求，也是充分发挥自己的天赋和潜力的需求。

对于这些需求，马斯洛提到的两点内容很有趣。首先，如果更高一级的层次受到影响，我们就会后退一级来维护这个需求，比如人们饥饿的时候，就不会忧心个人地位。所以，作为领导者，如果你提出的一些变革威胁了人们的安全感，你就可以想象会产生多激烈的反应。其次，需求满足后就无法激励人们。当某一领域的需求得到满足后，与此相关的人就会意识到自己内心的另一类需求。接着，这些需求就会开始成为推动力。显然，该理论还有很多内容，比如，尤其是在生理需求和安全需求得到满足时，它们就不会强力地推动我们前进。

马斯洛也对其他需求层次提出了假设，认为需求层次“就像茫茫潜意识中的浩瀚星际”。这里还有认知需求，包含好奇心、发现和理解的需求；美学需求，包含对美、秩序和优雅的需求。在他晚年时，又大谈特谈所谓的精神需求，就是要超脱自己、感到自己融入了一个高于自己的更大的卓越团体。马斯洛是位世俗人文主义者，他并没有为这个需求提出上帝的命制，而是引入了他人的概念，自我在其中会得失兼备，但养育他的犹太传统的影响显而易见。

马斯洛重述了工具性行为和表现性行为的区别，对理解个人需求做出了另一个重大贡献。人们做的许多事都是为了满足自己的需求：这都是为了实现某一目标的手段或工具。但有人也会采取行动或做出陈述，以展示出自己现有身份或取得的成就，比如滑冰的人和跳舞的人就在表现自己。这个概念有助于我们理解别人做事的目的。人们也可以认为领导力有工具性和表达性：因为它是满足任务、小组和个人需求的工具，也能就每个人的个性、性格和技艺，展现个人的现有身份和潜在身份。

三环模型

正如我在《领导力训练》(*Training for Leadership*)一书中所说，接下来，很重要的一步就是要在三环模型中把三种需求关联起来(见下图)。

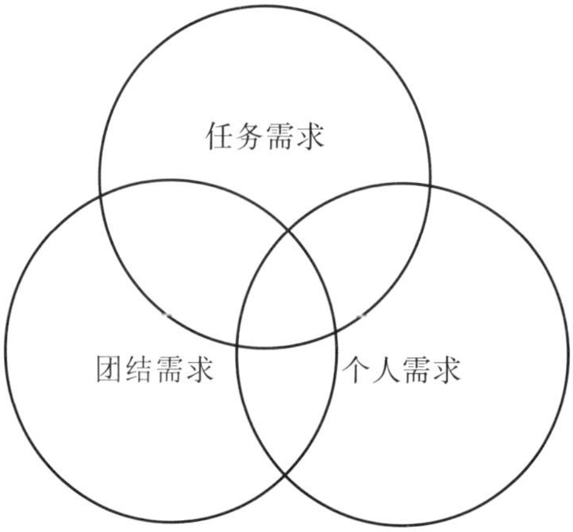

三环模型示意图

数学家会立刻认出这是维恩图。这是根据英国逻辑学家约翰·维恩（John Venn，1834—1923）命名的，他率先使用相交的圆圈代表数组以显示其间关系。

需求的互动

三环模型直观地反映了任务需求、团结需求和个人需求总是互相影响。三者重叠，但却不会顾此失彼。换言之，它们之间总是存在一定程度的交叉。

许多个人需求，比如取得成功的需求和有人陪伴的社会需求，可以通过参与工作组而得以部分实现。但为了任务考虑，个人可能会被利用，也可能会被团队操控，个人自由和正直感就会受到侵犯。

三环模型的一个基本特征就是每个圆都必须放在与其他两个圆的关系中看待。作为领导者，你必须时刻意识到自己团队的三个圆内发生了什么。你可以把一个圆想成一个越变越大、不断完善的气球，而另外的则在缩小，或者你可以想象一种情况，一个气球完全消失掉了。

练习3：三环模型

剪出一个圆片或用一个圆形盖子遮住模型中的一个圆片。此时，另外两个圆片的部分也被遮住了。使用圆片完成下面的练习，你自己就会培养出圆片间的关联意识。

1. 用圆片遮住任务圆片。

如果一个小组没有完成自己的任务，就会加速小组解散，也会降低个人需求的满足度。

> 多能汽车（Polymotors）是一家工程公司，雇员50人。该公司在人事调整后，总是无法完成订单。销售经理和生产经理相互指责，两个人都不理对方。公司气氛一落千丈。一些人不满地离开公司，最终公司倒闭，50个人都在高失业时期丢了工作。

你能从自己的经验中再找出一个例子吗？

2. 用圆片遮住团结圆片。

如果团队缺乏团结和谐的关系，就会影响工作业绩，也会影响个人需求。

> 美国波士顿一家大型电子公司的研发部门深受团队不和之害。性格不合、派系争斗都让日常工作异常煎熬。由于内部沟通不畅，

团队无法在最后期限前完成任务。团队的创造力荡然无存。人们发现自己的社会需求在工作中完全无法实现，缺勤率飙升。最终，该部门不得不一分为二。

你能从自己的经验中再找出一个例子吗？

3. 用圆片遮住个人圆片。

如果一个人感到沮丧失意，不论是对于共有的任务还是团队的发展，他都无法为团队做出最大的贡献。

亨利在市里的一家律所工作。他工作了20多年，没人把他当回事儿，也没人愿意花工夫和他谈谈公司的发展和前景。几年前，他觉得自己应该升职了，提升机会却给了一个年轻人。亨利也感到了沮丧厌倦，因为他提出了改进工作程序的建议，却遭无视。慢慢地，他自我封闭。他工作也不上心，一到下午5点立刻闪人，也不再和同事们共进午饭。“我就等着退休。”他这么跟我说。但离他退休还有10年时间啊！

你还能找出一个例子吗？

每个人都可以发挥自己的社会力量。也就是说，每个人都可以在工作中帮助建立良好的关系，营造积极的环境；另一方面，一个人不论有意无意，都可以将这种能量运用到消极的一面。比方说，背后说人闲话，中伤他人，就像酸腐蚀金属一样，长远来看就会瓦解团队关系。闲言碎语会体现出人们对人性的关注，这几乎无害，但恶意捏造的闲话就会消磨工作中的信任。乐观的人会遏制说闲话和挑事儿的人，对团队起到正面作用。即便你不是领导者，也可以发挥这样的作用。

三环模型中只要有一个圆环内有积极的变化，三个圆环就会互相影响。

◎ 在共有目标上有所成就往往会增加团队认同，也就是一些人所说的“同群感”。胜利时刻会弥合人们之间的心理鸿沟，团队士气就会油然而生。

◎ 过往的成就会帮助形成良好的内部沟通和成熟的团队精神，这会让团队更可能在任务领域表现良好，碰巧也会为个人提供更为满意的工作氛围。

◎ 一些人的需求得到认可，能感受到他们可以为任务和团队做出具有自身特色的贡献，体现自己的价值。这些人在任务一环和团队一环，会取得累累硕果。

下面的案例分析来自我的个人经验。服兵役期间，我管理着埃及运河区一个排的苏格兰卫兵。但我们隶属守卫苏伊士运河的军力，这意味着还要承担塞得港（Port Said）周边地区的守卫任务。6个多月来，这个排都是分散着驻守两方，只有在训练和管理时会聚到一起。

夏天到了，整个营南移，守卫平坦沙漠无人区的弹药库。我的排受命在这个地区周围布下又宽又厚的金属屏障。我们不得不开着卡车，带着物资，驶出这个区域，接着前任没完成的地方开始工作。弹药库很大，我们几乎看不到其他建筑。

第一天，我们布了200码[1]的金属丝。天气太热，士兵们看起来非常不乐意。第二天，我脱了衬衫，和士兵们一起干，拧金属丝，敲木桩。到喝茶点时，我们已经铺了300码的屏障。那天晚上，我找到了几个加快进度的方法，比如工作前把物资都放置好。第二天，我们铺的屏障更

1 1码≈0.9144米，文中200码约为182.88米。——译者注

多了。到了第四天，我们排进步巨大：士兵们都很高兴、兴奋，满脑子想法，不愿停工，而且都给第五天设下了更高的目标。就这样，10天就完成了这项工作。

麦克拉斯基卫兵（Guardsman McCluskey）在兵营里是个十足的捣蛋鬼，但如今他有很大改观。在这里，他成了一个小组的负责人。到把工作转交给下一个排的时候，他还斗志昂扬地谈论说，如果可以获得某些类型的设备的话，就可以布设更多的金属丝。“你们绝对做不到像我们一样，一天能铺设700码金属丝。”麦克拉斯基卫兵这么和接班的人说。他们确实做不到！虽然此后几年，我的胳臂上留下了金属弯钩的疤痕，但回顾那些在烈日下的日子，不仅让我感到十分幸福，也对我理解领导力极其重要。

巧的是，我在阿拉伯军团（Arab Legion）时，很多工作与贝都因士兵所做的相同，这次工作的环境更加凶险。

贝都因士兵们的反响不错。正如有“阿拉伯的劳伦斯”之称的托马斯·爱德华·劳伦斯所说：“贝都因士兵不好指使，但却易于领导”。我们不都这样吗？

练习4：三环模型

1. 一些团队在团结一环表现极其优异。他们团队精神强，默契十足，人际关系融洽，沟通顺畅。一些任务能轻而易举打垮组织较差的团队，但以上种种能让优秀团队迎难而上。你能举出一个这样的案例吗？这样的团队对其中的个人产生了什么影响？举出一个你知道的具体案例。

科技通讯（Techcom）公司是一家只有150个雇员的小公司，但工作关系极为良好，公司气氛极好。管理层和雇员互相信任，工作愉快，他们看好行业的前景，也想扩张。后来，国内市场经济下滑，他们与中国、印度和韩国的企业激烈竞争，公司受到影响。员工自愿申请降薪，管理层答应只要大家共渡难关，就不会裁员。所有人都加倍努力，很快公司业务好转，重新盈利。

2. 再举一个例子，体现出个人可以影响人物圆环，也可以从团队整体中受益。

个人对其他两个圆环产生影响的突出案例，主要集中在两类人身上：领导者和创意思考者。两者可能单独存在，也可能集于同一人身上，他们往往被称为企业家。当然，不论创意思考者是不是管理人员，每个团队都需要他们。

必要职责

为了满足上文所提的三个领域的需求，必须履行一些职责。职责可以定义为人或事物所采取的特定或恰当的行为。这往往是一组相连的动作，构成一组系统的行动。比如说，我拿笔写字，写这句话时，手和眼都发挥了应有的特定功能，促成了这个活动。在领导这个更系统的活动时，界定任务和做好规划这类职责显得尤为必要。

召集一批孩子到操场，完成一项任务，是否指定孩子们的领导者均可，你会看到相应情况下，部分职责的完成度。

领导者的一般职责

目前，我们都认为在所有工作组里存在着三个重叠的需求领域，为了实现它们，需要履行一些职责。下一步就是要把这些职责整合起来：如此一来，它们就构成了领导者的一般职责。长久以来，古希腊和中国思想者一直尝试界定这项职责，近年来人们也密切关注。一般职责的发现圆满地完成了这一问题。

简单来说，领导者的一般职责的组成如下：

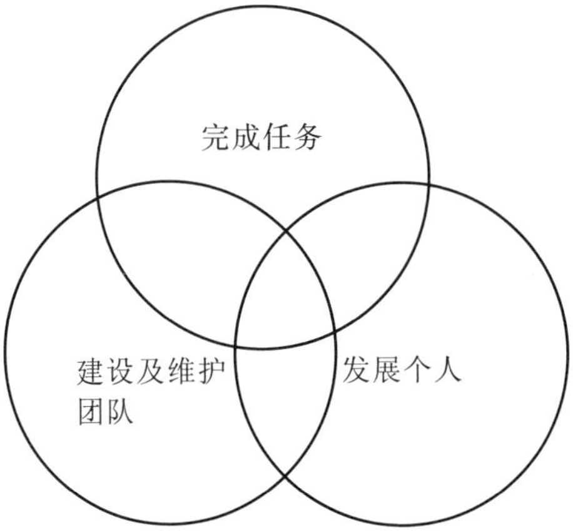

一般职责示意图

这里，一般职责可以表示为三个非常宽泛的职责，然后进一步细分为更具体的职责，比如规划和评估。但也要注意，这些职责和在第二部分将讨论的其他职责，并不会只被分到一个圆环里，它们会对三个圆环产生或好或坏的作用。

比如，“规划”表面上看起来像是一个任务职责。但想要瓦解团队、挫伤士气、打击个人，没有比糟糕的计划影响更恶劣的了。规划对三个圆环都有影响：这个模型是个整体，或者更准确地说，一个富有个性的整体。

一些团队，比如商会或者健身俱乐部，它们的组建是为了完成既定的目标。这样的团队会选择为团队负责的领导；另一方面，哪里的团队有了任务，上级就会指派领导者，作为任务的一部分打包分配过来。这种情况下，领导者首先要对委派他的上级负责，然后才会对团队负责。他要为三个圆环负责。

当然，这并不意味着领导者要履行三个领域所需要的全部职责：想让一个人做到那些，确实要求太多，对规模更大的团队尤其如此。领导者要是合理使用领导的艺术的话，就会在多方面感受到一种责任感，这样成员们自然而然就想回应这三组需求。但指派的或选出的领导者要负责到岗位的最后一刻。如果没有完成任务，或是团队分崩离析、派系交恶，或是人人沉郁冷漠，应当辞职的是领导者本人。这就是领导者的工资往往要比团队成员高的原因。

任务的实质

第一次世界大战爆发那年，马恩河战役阻挡了德军进军巴黎，几乎所有人都认为是法国将军若夫尔（Marshal Joffre）赢得了这一战，但也有人不这么认为。一天，一位新闻记者向若夫尔提问：“您能告诉我，到底是谁赢得了马恩河战役吗？”“无可奉告。”将军回答说，“但我可以跟你说，如果马恩河战役没打赢，骂名都是我来担。”

根据三环之间的关系来理解领导职位极为重要。你和团队之间要有一定的社交距离，但不能太多。保持这种距离，不是因为你要保持神秘感，而是因为你需要做决定，有时进行任务时，你需要不近人情。这会让团队和个人对你直接产生意见，一些人可能因此会经历某种令人不快的变化。

人善被人欺，你会面临许多难以承受的压力，人们也会说："你辜负了我们的期望了"，这些压力你也应付不了。

一些领导者是从众多同僚中任命或选举出来的，他们还会留在这个团队，对他们来说，也存在着一个典型的问题。你们现在是上下级关系，还想像平级之间亲密交流，那简直是难于上青天。这个问题一直以来都存在。正如当罗马军队任命百夫长时，会从另一个军团给他调来100人。这个原则很有道理。

人们可以理解为什么某种程度的自足对领导者很重要。正如我所说，领导能力不是要让别人喜欢，而是说因为领导者往往比较擅长社交，甚至十分合群，他们才会发现不良反应令人难以忍受。但长久来看，真正重要的不是领导者收到了多少掌声，而是他获得了多少尊重，这绝不是

经验得出的教训

道格拉斯•麦格雷戈（Douglas McGregor）是北美管理学内推崇"人际关系"学派的著名人士，该学派的灵感主要来自"团体动力学"运动。他给很多机构讲过课，也提供过咨询。1948年，他被任命为美国安提阿学院（Antioch College）院长。大约过了两年，他坦然地承认，自己对领导力做了一些错误的假设。

"来到安提阿之前，我在很多机构里担任顾问，观察了很多高层领导，也和他们一起工作过。我认为自己很清楚他们对自己身上责任的理解以及驱使他们行事的原因。我甚至认为可以自创一个角色，让我能避免他们遇到的困难。但我错了！只有亲身体验了成为顶头上司，亲身遇到相关的问题，才教会我仅靠观察别人无法学会的经验。"

比方说，我一直相信领导者在一定程度上可以充当自己的机构顾问，且可以做得相当成功。我觉得自己可以避免成为“上司”。潜意识里，我认为自己希望避免一些不愉快而又不得不做的事，像是做出艰难的决定，负责在众多不定的选择里选择的一组行动，犯错并承担后果。我觉得自己可以做得让所有人都满意，这种“良性人际关系”可以消灭所有的不和与分歧。

我真是大错特错！花了几年时间，我才最终意识到，一个领导者不可避免地要为自己的机构负责，但他更不可避免地要运用权力。事实上，高层领导的一个主要职责就是负起责任，解决经常出现在重要决定里的不定因素。此外，由于没有重要决定能让机构里的每个人满意，领导者必须要消化本想采取另一种途径的人们的不悦，甚至是满腹牢骚。

最近，一位同事总结了我的经验之谈，是这么说的：“好的领导必须坚强赢得一场战争，却不会粗鲁到落井下石。”这个想法绝不是与人性民主的领导力格格不入。良好的人际关系生于强硬，而非软弱。

——摘自W. G. 本尼斯，E. H. 沙因合编

《道格拉斯•麦格雷戈文集》

靠任务需求、团结需求和个人需求三环里的“温柔”和“忍让”实现的。

领导者的社交需求可以通过和团队保持关系得到满足，却总是高处不胜寒。领导者从来不能和为他们工作的人彻底分担重担，也不能敞开心扉，吐露自己的困惑、恐惧和忧虑——这最好与同级的领导者分担。如果上级领导者尽职尽责的话，就会极力促成这些会面，这些课程往往会被称作管理训练课程。更重要的是，如果领导者需要，上级领导者自己也要成为慰藉源泉、力量支撑，有时甚至是可以依靠的臂膀。

总结

第三个掌握领导能力的方法被称作功能性领导法（functional leadership）。该方法关注任何领导问题都存在的第三个成分：团队或小组。对实践的领导者来说，有关团队最有用的理论就是，团队与个人相当相似：各有千秋却有共通之处。该理论认为，团队的共通之处就是需求，这和每个人都一样。A. H. 马斯洛的研究可以帮助人们深入理解人们各种行为背后的深层原因。这些需求都与任务、团队团结和个人相关，且这三个领域相互重叠。

领导职务与团队的关系

做　法	适用情况	忌用情况
领导者强调距离感	◎成为领导者前，团队非常了解他 ◎团队特别想和领导者套近乎 ◎即将做出不受欢迎的决定 ◎刚刚开始负责一个新团队	◎传统上，团队已经与领导者具有强烈的距离感 ◎人们受到足够的信任，领导者不用与他们亲近
领导者降低距离感	◎管理层和雇员之间缺乏沟通和信任 ◎所有人的知识和经验都大致相同	◎由于前任领导的领导风格，领导者与员工距离已经够近了 ◎距离远近被误解为关系亲疏
领导者在亲疏间达到平衡	大多数工作情况	领导者对团队过于冷漠或热情后，与团队的距离需要修正

与一些早期作家的想法不同，领导者和成员的作用不能混淆。实际上，领导者是通过任命或选举产生的，并且往往是两种方法结合产生的。所有优秀团队领导者在这三个领域里，都会有“主人公”的责任感，但只有任命或者选出的领导者才会对这三个领域负责。

领导力的作用将在第二部分展开叙述。通过发挥领导力的作用，或者观察领导力发挥作用，领导者可以带领团队实现任务，团队协作保持凝聚力，让每个成员都可以做出自己最大的贡献。显而易见的是，想要在自己的领域内领导有方，你需要动机、技能和经验来完成领导者的通用职责，具体见下图：

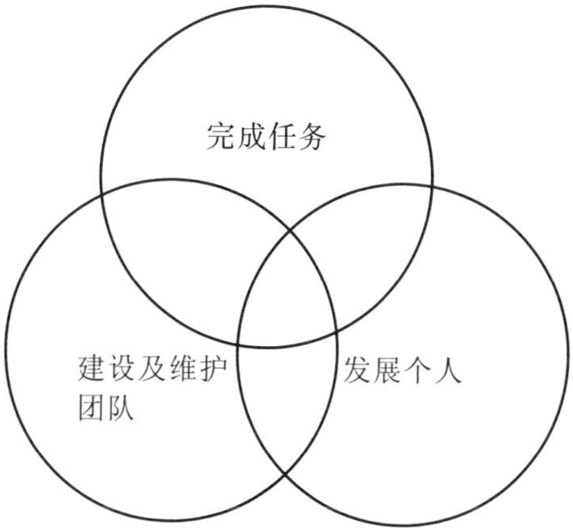

通用职责示意图

只有当你完成了这项重要的工作，你被任命为领导者这件事才能在团队成员的心中获得认可。

清单练习：三环模型

	是	否
你能从自己的经验中给出具体的例子说明需求的三环，即任务、团队和个人是如何相互作用吗？	☐	☐
你是否发现自己有如下偏好：		
你往往把任务放首位，忽略团队和个人。	☐	☐
对你来说，团队似乎更重要；相比生产率和个人工作满意度，你更重视融洽的关系。	☐	☐
团队中的个人对你来说极为重要；基于此，你重视把团队中的个人放在任务和团队之前。你往往同团队中的个人过于亲密。	☐	☐
你可以坦率地说自己实现了平衡，也从上级、同僚和下属那里得到反馈证实了这一点。	☐	☐
你会根据现实中对情况因素的理解，调整与团队的社交距离吗？	☐	☐
你可以用经验说明这一点吗？	☐	☐

04 厘清条理

你可以被任命为管理者，但只有团队成员心中认可你了，你才真正成为一名领导者。

本书列出了领导者的一般职责，对于想提升自身领导力的人来说用处极大。在领导力领域里，毫不夸张地说，这一突破可以比肩牛顿和爱因斯坦在物理学领域里的发现。同他们的理论进展一样，领导力的一般职责经证实应用广泛，这也是第五章的主题。

领导还是管理

我们现在掌握了一个通用理论，完美地结合了领导和管理。人们可能会想起，从弗雷德里克·W. 泰勒（Frederick W. Taylor）提出“科学管理”那时起，规划和控制就界定了经理的工作。这个和谐的整体内部自有结构。

管理方面早期的理论家往往认为职责，比如规划和控制，只有单一的一环，即任务一环。职责只有单一维度。第三章描述的功能领导法来自领导者的一般职责。与之前形成对比的是，该方法认为职责直接或间接地涉及三环。此外，该方法还补充了其他新的职责，尤其是在团队团结方面变化巨大。

该理论认为，就定义而言，任何领域中优秀的经理、负责人、主管或者一把手都要在特定的工作环境中履行一般职责。所以，纵观优秀的领导者，无论有什么职衔、受雇于哪个领域，都会有我在第一章中提到的大致相似的特点。

共同决策

对很多人来说是，“领导力”一词意味着一个人的独裁：所有的决定都由他来做，所有的领导工作都由他完成。但事实并非如此。在两人以上的团队里，一个人是无法完成所有职能的。优秀的领导者会在团队中培养出自己的领导力。他会充当其他成员的资深搭档，共同完成任务，建设团队，满足团队的个人需求。这种分担展现的方式多种多样，无法描述。但作为领导，如若没有充分满足个人在这三个领域的需求，就配不上领导者的称谓。

绝大多数实干的领导者都认为其他成员可以帮助自己稳定团队，激励和培养同僚。

那任务呢？尤其是，做决策和解决问题呢？因为这两个是任务领域的重要活动，作为领导者，你需要知道做决策和解决问题时的可选项。

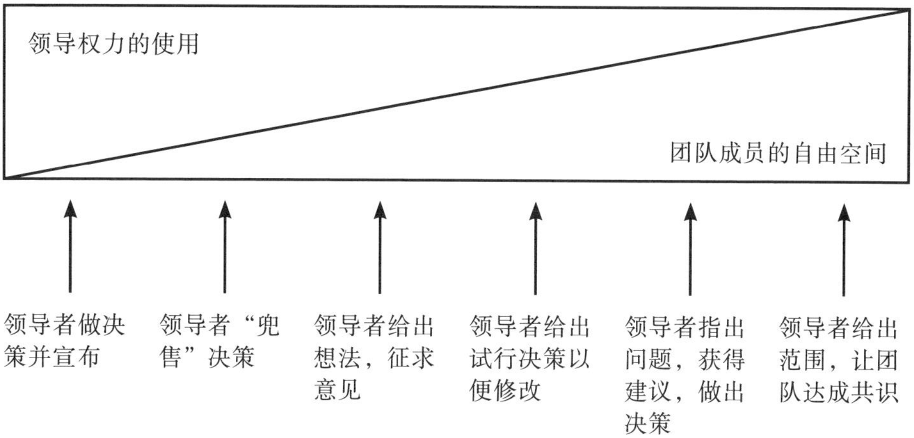

决策制定连续体示意图

上图的模型很简单：模型打了个比方，决策就像一块蛋糕，领导者和团队整体或个人可以用不同的方式分割蛋糕。在连续体的一端，领导者分得蛋糕的全部，他下了个命令或做了个要求。这条线上的下一个节点处，领导者说要做什么，并给出了原因，说服团队成员。很显然，在连续体上剩下的四个节点处，蛋糕的划分比例不同。

你们永远都要记住一条重要的通用原则：你越靠近连续体的右侧，情况越好。因为对于影响大家职业生活的决定，大家参与得越多，就越有动力去执行它。作为领导者，你也是在鼓舞人心。

但在选择采用何种决策方式时，有一些因素也要考虑。这就包括情势，尤其是一些变量因素，比如可用时间以及问题的复杂度和问题的特性。

所以，该模型有助于充分理解领导力在不同机构里呈现的各种形态，在危机情况下又各有特点。这里的情况，按定义来说，就是时间紧迫，生死悬于一线，比如紧急事件、军事行动、民航服务和进行手术。领导者自主做决策，训练有素的团队毫无争议，积极响应。对道路事故和森林大火情况的研究表明，人们希望有一个予以坚强明确的领导，人们需要这种领导力。

还有一些其他变量，比如机构（包含价值观、传统）和团队（包含知识、经验），这在决定采用决策方式时都要考虑。作为个人，行事风格要始终如一，这样人们才能知道站在哪里和你并肩，但做决策时，要无比灵活。

培养自己的领导风格

关于“领导风格”的讨论，一直以来纷争不休。早些时候，这些风格被美国理论家分为“专制式风格”“民主式风格”或“自由主义风格”（也称“放羊式风格”）。这种分法现在还有。

做决策和领导风格不能混为一谈。风格比决策制定的覆盖面大。风格是你在不同情况间切换时的自我表现，改变个人风格是不可能的，即使你改变了个人风格，也很有可能看起来不真诚。没人想表现得太刻意。

你可能也猜到了，我认为把领导力分成这么多类风格没什么用处。这根本不是功能性领导法的组成部分。

事实上，对于给一位领导者的风格加上标签，我慎之又慎。因为我认为，风格不是可以刻意形成的，而应该是当你掌握了领导的职责或者技巧，自然而然在潜意识里形成的。

著名作家塞缪尔·巴特勒（Samuel Butler）曾写道：“我想说，我从没为自己的风格花一丁点儿工夫，也没考虑过风格，不知道也不想知道这是不是一种风格，因为我相信也希望，这就是最普通和最简单的坦率。”一旦你的个人风格形成了，就像你的笔迹一样难以改变。它将会是你处理一般情况的特定方式，这就是领导力的真相，也是通过你的性格反映出的真相。正如18世纪一名法国人所说：“事务都是外在的，只有风格是自己的。”

品质法的应用

从一般职责的这个全新的角度来看，人们可以重新审视传统上与领导力相关的品质（见第一章）。人们可以将其解读为是否促进或阻碍三个领域的需求，即完成任务、维持团队和培养个人。首先，你要将三环模型应用到领导力相关的品质上，这样就可以选出所有可以发掘的重要品质。一些品质会逐渐发挥作用，产生特定的行为，同时，一些作用或者外在表现的行为也可以体现这些品质，两者互为表里。下面的表格给出了一些例子。

领导力的特点

品质		作用
任务	主动性	该品质出现在很多研究列表里，指的是倡议或开始行动，以及推动小组前进的能力
	坚韧度	该品质指的是忍受力和不屈不挠的精神。很显然，该品质在团队想要放弃或遭受打击的多种情况下最能起作用
团队	集体感	该品质指的是团结的能力。既见树木，又见森林，能把个体团结为行动的整体的能力。该品质能创造出互信的团队氛围
	幽默感	该品质对缓解团队内、人际间甚至领导者本人产生的紧张气氛极为重要。它与分寸感紧密相连，分寸感也是重要的能力

（续表）

领导力的特点		
品　质		作　用
个　人	得体度	该品质体现为对合适做法的敏锐感知，或者体现为在与别人打交道时的考量
	同情心	每个人在家或工作中都会遇到诸多个人问题。领导者要具有同情心，与其共同克服这些不顺

一些品质尤为重要，因为它们适用于三个圆环，活力四射就是一个极好的例子。不是所有活力四射的人都是领导者，但如果你有这个品质，就会激发别人身上的活力。它会让人们更专注任务，营造团队精神，感染每个人。

其他一些品质都隐藏在人们身上。它们可以被激发出来，体现在三个领域内的行为中。

比如说，在某些情况下精神之勇和为人谦逊都需要。尽可能地界定清楚何时需要它们十分重要。为人谦逊看起来有点格格不入，因为对很多人来说，这个词意味着畏缩不前、自我贬低，与领导体现出的自信甚至自大相距甚远。但把它放在任务、团队和个人层面来看，并非如此。

很久以前，亚里士多德就教过人们，品德处在两极之间。如果某种品质泛滥，或者没有平衡力来协调的话，这个品质就会对人不利。当然，过于谦逊或者假装谦逊对领导力非常致命，因为这会让你失去原本该有的自信。温斯顿·丘吉尔（Winston Churchill）跟海伦娜·伯翰·卡特女士（Lady Violet Bonham-Carter）说过，“我们都是虫子，但我相信自己是萤火虫”。

很明显，在这儿讲解老生常谈的领导力品质，既耗时间又占篇幅。

人们可以把领导力当作是实现或产生一些回应的能力。

行事谦逊

“在每一个我深深敬佩的领导者身上，我都能看到谦逊这种品质”，艾森豪威尔写道，“当丘吉尔感谢人民帮助不列颠和同盟国的事业时，我看到他的谦逊为人，脸颊上流下了感激的泪水。”艾森豪威尔接着写道：“我自己的想法是，每个领导者都要足够谦逊，公开承担责任，接受自己所选下属犯的错，同样，也要对他们的成就加以表扬。”

我意识到，一些流行的领导力理论认为，人在顶层就要保持住自己光鲜亮丽的“形象”。但我认为，长远来看，公正、诚实和对下属及同僚的慷慨态度，才真正有效。

1969年，美国总统在国会发表演讲，纪念艾森豪威尔。演讲中，他提到了一份若诺曼底登陆以失败告终，艾森豪威尔准备通过电台发表的演讲，演讲没有发布，但总统借此指出了艾森豪威尔的个人魅力所在。演讲如下：

“我们登陆了瑟堡－哈佛（Cherbourg–Havre）地区，但没有拿下如意的据点，我已经撤兵了。我决定在这个时间和地点进行攻击，是基于可获得的最佳情报。陆军、空军和海军都已经尽职尽责，奋勇作战。如果对这次行动还有值得指责的地方，那就是我的错了。”

这样，我们就能够理解领导力品质和职责是如何像手套里的双手般互相配合的。职责是积极的动词，告诉你做什么；而品质是副词，告诉你怎么做，就如俗话所说：“人无头而不行，鸟无翅而不飞。”

领导力的不同层次

领导力存在于三个宽泛的层次上：

◎ 团队层：领导五到十五六人的小组或小团队。

◎ 运营层：在一个公司承担重要职责，有一名以上团队负责人向你汇报。

◎ 战略层：领导整个机构。

领导者的谦逊		
领　域	适用处	忌用处
任　务	确实犯了错误时，你要承认事实，不指责他人	一直为自己和别人的表现道歉
团　队	◎领导者明显不存在傲慢和果断的行为，不粗暴也不会引起不和 ◎把团队放在个人利益前，大方地表扬他人	对团队十分不屑或者卑躬屈膝
个　人	◎表达平等的理念 ◎认可优秀的品质和能力 ◎适当时刻予以表扬	各种拍马屁

同样的一般性职责，之前在三环模型中表示出来了，在每一层里也有体现。层级间不同的就是复杂度。比方说，规划在团队层次相对容易，相较而言，大集团的首席执行官要做重大的规划就比较难。

爱默生写过："机构无非是个人延长了的影子。"过去人们认为，机构所需要的就是一位了不起的战略领袖。这没错。所有机构都需要各个层次上的优秀领导者，无论是团队层、运营层还是战略层，并且需要各级责任人之间良好的团队合作。

领导力与价值观

“好领导和给人谋福利的领导，有区别吗？”约翰勋爵曾经问过我这个问题。他是我服役期间，桑赫斯特皇家军事学院的军士长。

最初的三环模型只谈到了需求。但即使人们想把价值观移出这张图，也做不到。人们有需求，更有价值观，价值观在做决定时发挥着重要的作用。实际上，价值观和需求联系甚密：我们都想要自己重视的事物，我们也重视我们想要的东西，但两者并非一致。好坏、真假、对错都不是需求，但都会影响行为。

你可能会认为这是哲学观点，并不实际。但优秀的领导者内在都有一些哲学家的身影。事实上，我们需要人，也重视人，这也有影响。三环模型可以帮助我们更容易理解这一点。从价值观的视角来看，我们要去寻找下列问题的答案：

◎ 任务：为什么这个任务有价值？它对社会有什么价值？这种价值如何衡量？

◎ 团队：是何种共同接受的价值观体系（包含伦理）把团队紧紧地联系在了一起？

◎ 个人：我与团队有着共同的价值观吗？这个任务在我眼中有价值吗？

一些人自己可以轻易地审视这些运算。但作为领导者，你要表现出自己意识到了同一企业里的价值观，并向团队内外的人解释这些价值观。

任务、团队和个人在需求中相互关联，在价值观中也相互关联。毋庸置疑，真正的领导力要有道德甚至精神维度，就是这个原因。没有这个维度，一些人可能会从领导技能上称你是好的领导者，但你不会流芳百世。

小结

从积极的角度来看，三环模型起到了催化剂的作用。它将理解领导力的三个方法，即品质法、情势法和功能性领导法，悄无声息地合而为一。

领导者是一类人（具有品质），懂得特定的知识（了解情势），能够施展必要的技能（发挥职责），让团队完成任务，团结成一个整体，促进个人发展。他能这么做，是因为有了团队和机构其他成员恰当的参与。

这个冗长的句子显然不是单独当作定义来看的。但通过这种方式，我厘清了所有的条理。

就必要性而言，领导力本身是团队的产物，尤其是当你踏入领导高层，更是如此。换言之，你的团队会成为机构里的领导团体。一些人认为，机构的所有成员都应被当作领导者。你需要履行或者实现这个一般职责。你的风格代表了你，也会随着你发挥领导力的简单职责自然而然地产生。因为领导力就是，完成一些相对简单和直白的事情，但要把事情做到极致。不论你发现自己处于哪个领导层，你在思考和沟通任务时，都应该从需求和价值观的角度来看。这样，共同目标就会与团队甚至包括你在内的公司所有人的价值观，合而为一。

05

实际应用

有了思想和行动，没有人提升不了自己的领导力。

斯利姆元帅（Field Marshal Lord Slim）

本书中诸多想法最早都是用于选拔领导者的。1942年以前，英国陆军还只是依赖面试选拔领导者。选拔委员会面试候选人，选出那些有必要品质的人员。可以想象，这有点碰运气的成分。

当蒙哥马利勋爵元帅（Field Marshal Lord Montgomery）还是桑赫斯特的军官学员时，他的连长叫他来面试。

连长说："蒙哥马利，我一直在仔细地观察你，我可以跟你说，你顶多也就能做到少校。"

"好吧。"这位陆军元帅在给桑赫斯特军官学员的讲座中感慨道，我有幸听到了这次讲话。他说："好吧，只能说他错了。倒是他，顶多只做到了少校。"

领导选拔

军官选拔中，大量的候选人是通过面试法选拔的，高达50%的人由于不适合当领导者而被军官训练学校退回原单位。为了应对这么庞大的数字并提升效率，一组心理学家和军官组建了三日战时选拔委员会。数十年之后，该委员会仍被英国军方采用，因为它的成立原则很合理。

选拔过程的核心是要有大量的实际演练。候选人要求负责一个小组，夜以继日地完成一项简单的任务。心理学家已经意识到美国关于“人际关系动力学”的早期研究。他们也了解情势法的重要性——这在1942年已经很不错了。

特别是，他们明白自己是在寻找能在战争的高压条件下展开工作的领导者。当候选人在领导团队时，套用观察者们的话，他们观察以下行为并做出评估：

1. 他的履职有效度：通过规划、组织有限的资源诸如能力、材料和时间，他对这项共同任务职责方面的贡献能力。

2. 他的团队凝聚力或者带领团队为共同目标努力的能力：让成员间以及成员和任务间形成一条情感的纽带。

3. 他的稳定性（亦称精神承受度）：承受阻力和挫折而不影响前两条中任一条或全部的能力。

换言之，候选人被放在小组内，测试了其领导小组的能力。面试、知识测试和能力测试、发表简短演讲和简短角色扮演，都是这种演练核心内容的补充。

战时选拔委员会的完整历史尚未有人书写，但人们普遍认为，英国陆军1942年采用的这个机制，是现今所有管理和领导力评估中心的前身，是个了不起的社会创新。

领导力训练

使用战时选拔委员会的方法选拔领导者是一回事，但训练领导者又是另一回事。虽然第二次世界大战期间领导力的训练早期有一些尝试，但正如我们所见，大环境是反对这件事儿的。人们认为，你要么天生就是领导者，要么就不是。

“史密斯天生就不是领导者的料”，桑赫斯特一位连长这样写自己的一位军官学员，这个我们在第一章说过。那史密斯还能怎么做呢？就这件事而言，桑赫斯特皇家军事学院又能做些什么？1960年，桑赫斯特皇家军事学院的领导力培训主要是讲座，谈论斯利姆和其他英国将军们列出的领导力品质。军官学员疲于军事训练，在这些培训课上，往往坐在舒适的椅子上呼呼大睡。

有趣的是，正是两名毋庸置疑的“天生领导者”挑战了这个传统的做法。陆军元帅斯利姆响亮的话语书写在了本章的开头。蒙哥马利，英国另一位了不起的“天生领导者”，也同样相信，可以通过培养造就领导力。

EFFECTIVE LEADERSHIP

领导者可以后天造就吗？

一些人会说，领导者是先天造就的，而不是后天形成的，通过教学和训练，是没法造就领导者的。我完全不赞同这一点。诚然，一些人内在的领导品质和本能真的比别人强很多，也有一些人的品性永远成不了领导者，但我相信领导力可以通过训练培养出来。在军事领域，我认为士兵更可能跟随军事知识能让他们放心的领导者，而不是一位个性太强，却没有相同专业知识的人。对年轻将领而言，如果成为领

EFFECTIVE LEADERSHIP

导者，只要有责任，他就会有勇气；只要他被认作是一群士兵的长官，他就要为他们的生计和幸福负责，这会让他无暇顾及恐惧，从而更有决心。这一点是从我自己1914年的亲身体验而来，当时我是个年轻的中尉，指挥着一个排，不得不带领军队对抗德军，在无人区巡逻。和平时期，我从上级那里接受了训练。通过训练，我相信自己有能力在战时应对与我同级的年轻士兵；这增加了我的斗志，以及领导排队，以及后来连队的能力。

换言之，可以说大多数领导者是"后天造就的"，而非天生的。天生不是领导者的人，有许多可能品质上也有一些小的领导者的闪光点；这些闪光点要加以关注，通过训练培养和呈现出来。但在军事以外，这种训练尚未采用。在民事领域，人们似乎认为领导力靠的是上天的恩赐，实际并非如此。领导力有原则，就像军事有军法，这些都要加以研究。

——蒙哥马利勋爵元帅

第二次世界大战后的岁月里，斯利姆和蒙哥马利都在领导力的问题上著书立说，他们的做法让别人相信自己也可以成为领导者。毫不奇怪，他们从领导力品质方面论述了自己的思想，因为在他们所成长的世界中，谈论领导力的唯一话语就是谈论品质。

1961—1969年，我就职于桑赫斯特皇家军事学院，是研究军事史的非军人讲师。在那儿的工作丰富了我的领导力语言，开启了我通向新时代的大门。在桑赫斯特，我有幸与一批军官一同不断优化基于三环模型的功能领导力课程。1962年，我们进行了第一次实验课。两年后，桑赫斯特全院采用了这个方法，来补充教授领导力品质的传统教学。后来，作为领导力训练顾问，我负责督查了两日课程的质量，这门课是由连长们讲授的。而且，我还要把这个课程和实地的领导力训练课程结合起来。

很快，经过证明，书中的基本原理可以成功地运用到军事领域和民事领域的领导力培养中来。

除了以小组为中心的学习方法外，这门课程的新颖之处就是引入了理论。正如我在本书引言部分所说，只有在理论和实践这两极之间产生了火花，学习才会发生。

这个课程项目并非旨在教授领导力，而是给年轻的潜在军官们学习领导力的机会，让他们在用领导力原则探索自己的经验时有所发现。

功能领导力作为一种训练形式，在最初就有一些特定的特征：

◎ 简单性："简单，但不肤浅或过分简单"，尽量少用术语。

◎ 实用性：关注实用，易上手的领导职责和行为，而不是对单纯的抽象学术理论感兴趣。

◎ 参与性：学习过程中有练习、案例研究和清单练习，寓教于乐。

20世纪90年代，伦敦工业协会在我的帮助下，让功能领导力更广为使用。这一过程中，该方法被命名为以行动为中心的领导法，但它仍然保有简单性、实用性和参与性的重大特点。

领导须知

1. 制定团队任务，热情满满地完成任务，时常提醒成员。

2. 用三环模型指导，让他们组成四至十五人的团队。

3. 规划工作、安排进度、设计工作，以此鼓舞团队和每个人的付出。

4. 沟通过后，为每个人设立目标；定期与每个人讨论进度，频率不低于一年一次。

5. 决策权下放到个人，和受影响的人磋商。

6. 沟通每一个人工作的重要性；解释一些决定，让人们加以执行；

每月简要通报团队的进度、政策和人事。

7. 训练和培养人员，尤其是25岁以下的人员；获得团队对规则和流程的支持，设立榜样，并给违反者一个“下马威”。

8. 有工会的地方，鼓励成员参加出席会议，为部门发声，传达人们的想法，这些符合人物、团队和个人的利益。

9. 关心团队成员的健康；改善工作条件；处理分歧、履行职责。

10. 关注行动；从成功和失误中汲取经验；定期在每个人的工作区走动；看一看，听一听，夸一夸。

——伦敦工业协会

在我写的第一本领导力的书《领导力训练》中，我谈到了桑赫斯特引用并改进功能领导法，还有皇家空军和海军采用这个方法一事。此书也介绍了该方法在工业和商业中早期应用，这些应用表明，领导力训练不仅对潜在的军官有效，对经理同样有效。

《领导力训练》出版后，第一批给我写信的就有蒙哥马利勋爵元帅，他的字迹极有特点。当时，他坚信，领导力可以用我描述的方法教授。他补充说：“领导力是一个大话题。最需要教授它的就是桑赫斯特和我们大学；事实上，对年轻人来说，这项能力随着老一代人而去。”

10年后，我成了世上首名研究领导力的教授。我根据书中的原理向萨里大学（University of Surrey）的工科学生讲授领导力训练课程。这些课程一直开到今日。有充分的数据表明，今后要到工业、商业和服务业工作的学生更愿意探索优秀领导力的本质，也更愿意接受领导力实训。这是因为，人们都感觉到“世界需要的不是上司，而是领导”。

经验的考验

英国人有句谚语："时间检验真理。"爱因斯坦也说过类似的话："科学理论实验奠定真理，但在人事上，同样的作用要靠经验。"

哲学家卡尔·波普尔（Karl Popper）提出了一个重大原则，即在科学里，不可能证明一个假设或理论实际的真伪：能够做的，就是通过不断的实验，进行证伪。正是能够经得起反复多样的证伪尝试，才会更加有理有据，不论出于何种目的，都会被认为是真的。

因而，在非科学的背景下，测试理论的过程注定会很漫长。因此，50多年后，三环模型的运用才开始明朗起来。

英国帝国化学工业集团的故事

"你能给我们推荐一个培养领导者的机构吗？"有人问我。屋里安静了下来，我往窗外凝视，不断反思。

当时，我还是首位研究领导力的教授，两位来大学拜访我的人希望在我这里得到答案，这可以理解。"不要军方的机构，"他们补充说道，"我们已经去见过他们了。"

嗯，我想到了许多培训领导者的公司，他们把自己的一线经理送去参加以行动为中心的领导力课程。但那也不是他们问我的问题。谁在培养领导者呢？

"我想不到任何人。"我最终这样回复。

"好吧，"他们说道，"那我们来做吧。您能帮我们吗？"

我答应帮忙，他们和我解释了自身的处境。我的访客比尔·斯特的（Bill Stead）和埃德加·文森特（Edgar Vincent）是英国帝国化学工业集团高级项目组人力经理，当时该集团被称作是“英国工业的领头羊”。（“领头羊”字面意思是一群羊的领头，做法是在它的脖子上系一个铃铛。）

它们的铃铛已经为英国老式的管理鸣起了丧钟。这并不意味着羊群的其他羊听到了铃声。1988年，比尔和埃德加告诉我，英国帝国化学工业的利润下降达到惊人的48%；公司分红也从1926年以来，首次削减。集团太大了，雇员6万多人，管理也很官僚主义，还进错了市场。董事会的主要执行董事们决定，集团的当务之急就是培养“管理型领导者”，据我回忆，我是第一次听到这种说法。

接下来的5年里，我们着手在帝国化学工业集团的9个分部“培养领导者”。5年后，帝国化学工业集团是英国史上第一家盈利达10亿英镑的公司。

在这惊人的5年里，帝国化学工业集团实现转型的基石，就是在9个分部应用了三环模型和我的管理分层实用理论。帝国化学工业集团众多的经理和主管都改变了，从一名普通经理，成为“管理型领导者”。

该时期帝国化学工业集团的主席约翰·哈维–琼斯（John Harvey-Jones），是一名卓越的战略领导者，和他合作使人愉悦。他对我的功能性领导法这一贡献赞赏有加，并写道“约翰·阿代尔无疑是世界领导力领域最前沿的一位思想家”。2007年，他亲切地授予我领导力培养领域的第一个终身成就奖。

小结

三环模型的概念和功能性领导方法已经过广泛应用和深入测试了。事实上，世界上没有其他领导理论能存活这么久。本章里，我描述了两大应用：军队军官的选拔和培训，以及大型企业中领导力的培养。

我希望这个简短的回顾能给你信心，把领导的一般作用作为自己的基础，将自己培养成为领导。

如果你真的把这本书当作自己以个人行动为中心的领导力课程，你就要拿着纸笔，读完剩下的部分，准备写下任何你想到的行动要点。每章都要这么做，不要拖到全书的末尾再做。行动要点要尽量具体，关注如下领域：

◎ 你作为领导者的表现。

◎ 你自己的学习和培训需求。

◎ 所在工作组的要点。

◎ 组织中可能的变化。

◎ 长期的自我发展目标。

◀ 第二部分 ▶

培养领导力

后面的八章关注领导者的实际职责，这是你作为领导者一定会履行的职能。我特意没有按照任务、团队和个人分组，因为你需要时刻明白，三环相交，因而任何一个职能都会影响其他两个。

比如，规划似乎是任务职能，但不良规划对于团队团结和个人的影响是最恶劣的。职能就像钢琴上的黑白琴键：想要组成优美乐曲，就必须按照一定顺序弹奏，组成和弦。

阅读并完成第二部分后，你将：

◉ 能够清楚地辨认出三环内领导力的主要职能和原则，清楚他们是如何体现在实践里的。

◉ 明白在特定情况下，发挥这些职能所需要的技巧构成。

◉ 能够养成自我发展的能力，有意愿在长期多样的职业里发挥这些职能。

06

规定任务

大处着眼，小处着手。

——中国俗语

作为领导者，你的首要职责就是确保团队可以共同完成任务。有时，领导力可以定义为：“让别人去做你想做的事，因为他们愿意去做。”我不同意这个观点。如果是你的任务，为什么别人要帮你完成呢？它必须是一项共同的任务，因为只有团队成员直接或间接看到了这项任务对组织、社会和个人的价值，所有人才会共同去完成。

记住，完成目标是你激发高昂士气、满足个人需求的主要手段。你在任务领域完成或未完成的事，必定会影响团队和个人这两环。所以，当你自己和团队开始任务时，你要牢记这两个领域。

作为领导者，你不能事事亲力亲为。团队不是只有你是牧羊人，其他都是被领导的羊只。在实现共同目标的过程中，你和团队可以通过多种方式互相帮助。团队成员有精力、热情、经验、知识、能力或技能，还有富有创意的点子，可以履行重要的任务职能。

虽然任务中每组使用的实际技术都不一样，但一个想要成功的团队，就需要在任意组中挑出能完成重要任务职能的人。不可避免，没有特定行业的“外衣”，这些职责看起来很朴素，却是领导力的重要构成。

沟通目标

作为领导，你要做的第一件事就是沟通和分担任务，让任务真正成为共同目标，也就是说，假设你的上级给你安排了一项任务，团队里没人知道。这只是一种相对直接的情况。可能你负责自己所在的团队，自己规定任务，或者下达任务的责任落在你的肩上。但首要的问题是，到底什么是目标呢？

你可能已经发现，"任务"是个相当宽泛的词，可以指雇主要求完成的工作或者某种情况。任务可大可小，形式多样，往往都是以令人费解的新面目出现。领导不论是靠自己还是找人帮忙，都会动用分析能力，探究任务的本质。一个重要的问题就是："我们如何知道自己何时成功呢？"这个问题解答不了就表明任务还不够清楚。

可以想象得到，任务有大有小。就个人而言，我认为区分意图、目的和目标十分有用。有些人喜欢粗略区分"短期目标"和"长期目标"。这里，英语词典毫无用处，因为英语的用词比较宽泛。但显而易见，比较宽泛模糊的"宗旨"和更加具体确定的"目标"之间存在差异。

我会对"目标""目的"和"意图"下定义，但首先要通过下面的案例说明这些任务之间的区别。该案例说明了在沟通目标时，需要什么，又要避免什么。

温德尔沙姆有限公司（Windlesham Ltd.）主营浴缸塞子。这个可以当作是他们的运营意图。他们有两个目的：制造世界上最好的浴缸塞子，并且在现有35%的市场份额基础上，接下来的3年拿下60%的全球市场份额。简·杰克逊（Jane Jackson）只是他们乔巴姆工厂的一名组长。他们小组本周的目标就是为沙特阿拉伯的一个新兴城镇生产3万只1英尺[1]的塞子。

规定任务并非只是创业之初的事儿，因为对任务最终目标不明朗会扰乱一个团队和公司。所以，只要有需要，你就要规定好当前团队和每个人共同努力的目标。

目标、目的及意图

我在上面提到了我赞同的目标、目的及意图的区别。我对这些术语的定义如下：

◎ 意图：团队和机构首要的综合性任务。

你定义清楚了意图，就能回答为什么的问题：我们为什么要做生意？为什么要做这一行？它也可以表示你从事行业的价值和意义。

人性渴望有意义的事，所以如果你的意图与个人价值观和道德价值观联系在一起，在团队你就不难产生使命感。这里的意图就意味着能量。你的团队组织就像海上的一艘船，正在远航。

意图与愿景不同。愿景是你想要团队和组织看起来像什么，比如三年之后的情景。

◎ 目的：意图可以分解为目的，目的各种各样，但都有方向。“想成为更好的小提琴手”就是一个目的。你还可以有其他目的，再比如，

1　1英尺≈0.3048米。——译者注

“想提升自己的厨艺”。但目的别太多，因为个人的时间和资源都很有限。这对团队和组织同样适用，一旦你清楚了意图，就要谨慎选择目的。

◎ 目标：目标更加触手可及，规定清晰，内容具体，时限也更明确。这个词是军事用语“攻击目标”的缩写。

有一个词和目标相似，也很有画面感，就是“靶子”。这个词指的是射手射击的目标。靶子具体可见，人们可以看到弓箭是射在了内外环还是射在了靶心。

球门这个目标也是一个很有画面感的词。足球比赛在有限的时间和空间内举行，球员很快就能明白自己是否进了球。想在足球比赛中进球，或在马拉松比赛里跑到终点，都需要长时间的努力和付出。这些弦外之音通常会影响“目标”这个词在日常工作中的使用。

一定要记住，目标要触手可及，内容具体，时限明确；目的可以模糊一些，但也要具体；而意图可以是一般用词，也可以是价值取向。

背后动因

领导者给团队下命令，看起来是再简单不过的行为，实际上却体现了智力水平显著的差异。这不能直接和领导力层次挂钩，但偶尔两者之间确有关联。这些内容同需要避免的常见错误一样，需要指出。

可能你首要关注的重要能力就是具体化的能力。亚里士多德教了他的学生，后来的亚历山大大帝很简单的一课，关于如何把一般的目标转化为具体的目标。

沟通目标	
能　力	**要避开的错误**
告诉团队承接的任务	首先，你自己没理解任务。其次，概述过程中表述不清，比如说“简，我以为你说的是两英尺的浴缸塞子”。所以，先理解清楚
告诉团队工作内容，更要告诉工作原因	根据过往情况，给出原因，别畅想未来。比如说道：“简，你为什么要做这个任务呢？”“很简单，因为老板让我做。”比较好的答案是：“如果我们想在中东地区获得较大市场份额，那个沙特订单至关重要。”
把目的分解为目标，安排给其他团队	目标不够细化。目的中的部分内容没有目标涵盖到，如此一来，目标加在一起也无法实现目的
承担目标	做事想当然。比方说道：“彼得对不起，我们没有完成您的沙特订单。我接了三个急单，两台机器罢工了，我应该早点跟您说，我们做不了的。”
将目的和意图关联，这样就可以回答诸多问题，比如“为什么要做这个任务”“为了实现什么”	把部门的目的同机构的意图混为一谈。例如：“亨利，我们只是想做世界上最好的浴缸塞子。”“废话，彼得，只有一件事最重要，我们今后真正想做的就是市场份额越大越好，钱赚得越多越好。”
定义清楚意图，检查与之相关的目的	解释得还不到位。比如说：“嗨，彼得和亨利，温德尔沙姆做生意，是想生产一些产品盈利，高质量的产品和可观的市场份额对实现这一目标都至关重要。你们都是团队成员，不是竞争对手。”
重新定义意图，定义得宽泛些，这样就能有更多的目的和目标了	定义得过于频繁，没表达出需要完成的感觉。比如说：“一年前，我成了温德尔沙姆的执行经理。自此以后，我才意识到，我们从事的是装修浴室的生意。为何不为我们的塞子生产浴缸呢？”
把意图沟通给生产工人	◎不会说话 ◎完全跳过你的下级领导者 ◎完全指望别人为你而做

这就是亚历山大大帝征服世界的原因。不幸的是，他英年早逝，但这是另一回事儿。从目的中整理出目标，再把目标细化为步骤，这样目标就可以实现了，这项能力领导者都会需要。有句俗语说得更生动形象："想吃大象，也要一口一口地吃。"

反过来，将细节和整体关联起来同样重要。领导者会自然而然地给出事情需要完成的原因；上司只会让你去做。回答"为什么"这种问题，意味着要放在团队的心态下思考它，心中想着更宏大的现有目的和意图。

小结

在三环模型的指引下，规定任务是一项重要的领导力职责。"任务"是个宽泛的词，需要细分到意图、目的和目标。

意图交代清楚并被确定下来后，目的就有了。作为领导者，你应该能在三环模型内，从具体到普遍上下切换。这种思考是沟通的必要前提。

对于需要完成的任务，领导力意味着要沟通其内容、方法、时限、工作地、参与人以及工作原因。好的领导者高瞻远瞩。他们回答"原因类"问题时不采用回顾式的答案，比方"因为我们重视这样做的"，而会采用前瞻式的答案，比如"这是为了实现这个目的或者那个意图"。任务往往很难说清。但有必要自己先理解，然后再跟别人说。

人心齐，泰山移。

——中国谚语

清单练习：三环模型		
	是	否
你清楚团队现在和今后几年、几个月的目标吗？你和领导者就目标沟通一致了吗？	□	□
你对机构里更大的目的和意图完全了解吗？	□	□
你能把团队的目标与更大范围内抽象的想法相关联吗？	□	□
你现在团队的目标足够详细吗？是根据时间制定的吗？是否都已经尽可能具体了呢？	□	□
不论成功与否，团队能否很快知道结果？能够迅速获得结果反馈吗？	□	□

07

规划工作

世上无难事，只要肯细化。

——亨利·福特（Henry Ford）

从完成任务的角度来说，需要将团队的现状和将来某刻的状态衔接起来，再通过思考进而衔接两者的活动，这就是规划。计划就是实现某个目标的方法。这需要在脑中规划，有时还需要呈现一些表格。

规划职责回应了团队的如下需要：“我们怎么才能完成任务？”“谁来承担这些任务？”“什么时候完成这些任务？”事实上，作为规划者，你可能并没有记住拉迪亚德·吉卜林（Rudyard Kipling）[1]短短的几句话：

我有6名忠诚的奴仆
（他们教会了我一切）
他们的名字是何事、何故与何时，
还有方式、何地与何人。

1 拉迪亚德·吉卜林（Rudyard Kipling，1865—1936）：英国小说家、诗人，诺贝尔文学奖获得者。——译者注一般来说，如果一个计划安排得不够充分，要么是作为领导者的你，要么是团队（也有可能两者兼有），还没有找到清楚明确的答案，就匆匆作答这些问题。计划不充分的话，团队后续的行动从一开始就注定会失败。这往往会根据情势，转化成一场喜剧或悲剧的三幕：开篇、混乱、烂尾。老话说的没错："凡事预则立，不预则废。"

> 考梅克斯（Calmax）是一家大型涂料公司，该公司生产一种新型脱漆剂，脱漆速度比市面上其他品牌的3倍还快。海伦·罗比森（Helen Robinson）是该公司营销及公共关系部门的负责人，他起草了一个宣传规划，支持产品新发。但一家广告商没有准时拍好一个重要的电视广告。罗比森抱怨时，该部门经理拿出了规划说："你在文件里说'要尽快'做好。我们觉得下个月也算快的。"

所以，规划是做事或者实现目标非常重要的一种方法。没有规划的领导者，办事就不会有效。那么，如何培养自己的规划能力呢？

扩充方案

有一个方法，就是团队一起思考，构思出足够数量的备选方案。

很显然，时间短缺会束缚你。你要是想避免撞车，就没有时间考虑所有备选方案：你只能选择脑海中第一个浮现的方法。所以，你会提到的第一个问题就是："我有多少时间？"必要的话，测试一下时限，确保时限真实有效。一般来说，人们规划的时间都比想象的多。如果没有出现危机和紧急情况，你也清楚自己拥有多少时间，你可以专心利用规划时间，达到良好的效果。但要仔细核对时间，因为时间转瞬即逝。

另一个要考虑的因素就是，识别不同可行方案时，你可以获得的资源。你可以咨询哪些人？

你可能已经注意到在面临严峻的挑战时，不论是运营挑战还是某种危机时，好领导如何领导了。

他们不会自觉或本能地得出要做什么。了解事实是他们的当务之急，还要找出一些做决定需要考虑的重要因素。接着，在讨论现实情况的可选因素时，领导不会不假思索地就发表自己的看法。经过训练后，高效的领导者往往本能地先听团队的意见、行动路线和解决方法。时间允许的话，他会先让年轻人发言，然后再让年长的成员发言。接着会总结大家提出的内容，决定下一步，并介绍背后的逻辑。这种方法可以很好地满足所有参与者，也能给出最佳的解决方案。

下面的表格总结了决策中团队参与的不同程度，表明了在何种情况下，哪些程度比较有用、合适。

执行规划的团队和个人在决策过程中非常重要。记住这个重要原则：对于影响自己职业生活的决定，人们参与得越多，他们就越有动力执行。

想出合适的策略，让他们参与其中，达到下表中列出的三种参与度。

参与决策		
参与度	**有益处**	**无益处**
1. 你给出了一个计划，如果团队成员给出了更好的计划，可以进行更改	◎团队时间有限 ◎你在领域内很有经验，而且相当确定自己没错	◎时间很充沛，团队成员和你一样专业素质过硬 ◎你只看了看提议，不愿意接受任何改变

（续表）

参与决策		
参与度	有益处	无益处
2. 你指出了问题，从团队获得建议	◎需要比情况1更多的团队参与 ◎团队的力量比包括你在内的个人都要更有创造力。正如俗话所说："三个臭皮匠，赛过诸葛亮。"	◎团队参与很耗时 ◎团队没有充分的知识储备，对此也毫无兴趣
3. 你给出了一个确定的计划，只接受微调完善	◎你十分确定自己没错 ◎时间极度缺乏	如果团队真的想采取行动，就需要更多地进行思考和决策

上述表格呈现了"决策参与"的情况，仅仅在一天的工作中，你就可能在不同情境中分别采用各种方法。在这些情况中，可以料想，你作为领导者会在规划的第一阶段最后采取哪种做法，而不采取另一种做法。你是否应该让团队整体来做决定呢？这就取决于所谓团队和组织成文或不成文的"政治体制"，这个制度会让很多事情十分清楚。一些主要的情形可以归纳如下：

领导的任命与团队的关系	
情　形	说　明
你被选举出来，领导选择你的团队	整个团队可能希望自己在备选规划里面选择，也希望你让大家票决或者征求大家的同意

（续表）

领导的任命与团队的关系	
情　形	说　明
你是应急领袖，没有实权。人们只把你当作一个引导者	你可以影响团队选择一系列行动，而不采取另一种。但你要是想继续当领导者，在小组决策与自己的判断冲突时，你就要采纳团队意见。这种“政治体制”很随意，也往往模糊。你和团队在决策时都会沿用先例
你被任命，职权界定清晰	如果你对团队的任务负总责，你可以义正词严地对最终的决定拍板

显然，团队参与决策时，有一些“灰色地带”，模棱两可。你或许能做到上表中的两种领导者，但无法面面俱到。许多民主国家中，有君主立宪制或者同样的总统制。就以这些国家为例，他们中的很多政治领导者，既是临危受命，又是选举出来，也有任命的。即便你有权提出自己的规划并执行，或者是从给出的几个可能的规划中，随意选了自己最喜欢的那一个，你也可能勉为其难地动用权力，因为你想让团队参与并执行。

团队中所有成员专业能力都势均力敌时，在方案的选择上会爆发激烈的争论。领导者和成员在解释某一系列行动计划时，都要尽可能地有说服性，同时，当某一方说的有理时，也要心胸开阔、大方地承认。这个过程就是民主的本质。“无论何时，当人们能被说服而不被命令，当大家感到自己参与到规划制定中来了，他们就会带着理解和热情看待任务。”艾森豪威尔这么说过。他回忆道，丘吉尔在规划阶段就是说服各方：

> 他运用语言和逻辑的能力很强，在诸多场合，我和他在重要事情上出现分歧，即便是我坚信自己的观点正确，以及责任明显在我的时候，我都抵不住他的辩驳。不止一次，他迫使我重新审视自己的前提，坚定我的信念没错，或者接受他的解决方案。但是，如果我的决定和他的相悖，他也会大度接受，采取合适的行动，竭尽所能地促成该决定。说理和真心接受反面决策，都是民主的根本原则。

显然，没有领导力，任何形式的民主都会显得虚弱无力。

“一千个读者就有一千个哈姆雷特。”想让所有人都同意并执行这些事儿需要领导力。当所有人都感觉自己有同样的价值，不仅仅只是知识和经验，就形成了真正的领导力，而不会就此终结了。孟德斯鸠写道：“建议而不要强迫，引导而不要命令，这才是领导力的最高境界。”

如何更富创造力

规划听起来并不是很有创造力，不是吗？都是些敲打键盘得出的工作安排、图画和表格。但规划就是从想法萌芽出来的。想法孕育了方法、解决方案和行动路线。可能最常见的错误就是做出无意识假设，限制了采用方法的数量和种类。一位人力总监最近和他的同僚说：“很明显，我们对比尔·杰克逊（Bill Jackson）只能采取两个手段：将他边缘化或者开除他。选哪个呢？”

好领导从不会采用二元判断：非黑即白，非此即彼。但很多经理和学者都是二元思考，因为这十分清晰。这在一些案例中是很重要的一步，比如法官总结陪审团的结论，把审判归纳为一个议题（非此即彼的关系）。

但决定太快，就会很要命，这样你就会忽略第三个、第四个和第五个可能的判断，其中可能就有最好的建议。所以，你要确保自己的团队给出了足够的选项。正如俾斯麦经常对自己的将领们说："如果你认为敌人面前只有两条路可走，那你放心，他会选择第三条路。"

阿尔弗雷德·P. 斯隆（Alfred P. Sloan）是美国通用汽车的传奇董事。据说，他与高层委员会开会时说过："先生们，我认为大家都完全同意现在的决策。"在场的人都点头同意。"那么，"斯隆补充说，"我提议的这个问题推迟到下次会议再讨论，给大家一些时间，提反对意见，可能也能就决策内容加深一些理解。"

大多数情况下，通过直接观察、思考和团队讨论，就可以得出三到四个可行的方案。但往往还有一个"创意方案"，之所以这么说，是因为这个方案一直不为人知。有人会说："这个太明显、太简单了。我们怎么就没想到呢？"如果下面练习的两个智力游戏你还没见过，就能解释这一点。

练习5：创意方案

1. 一笔画：用四条直线连接九个点。

2. 拿六根火柴棒，放在你面前的桌子上，把它们排成四个等边三角形，不可以折断火柴。至少有两种排法。

答案详见本书第191页。

卡尔·邓克纳（Karl Dunckner）是20世纪20年代发明上述火柴棒游戏的心理学家，他指出，随着人们成长，就会产生思维定式。比如，我们认为锤子只可以敲铁钉。想要增加创造力，第一步就要让自己从这些定式中解放出来，虽然它们在生活中很有用处。

练习6：办事灵活

除了钉钉子和取钉子，再列出锤子的25个用途，计时5分钟。

你会发现，如果你养成了即时批评的习惯，你可能会发现很难想出新点子，或者很难从其他人那里得到新点子。不论是你的想法还是别人的想法，一提出来就被刻薄批评的话，只会扼杀创造力。“头脑风暴”这种方法，是通过专门鼓励人们暂停评价，不要批评，尽可能多地想方法，来发挥作用的。另一方面，你要是想扼杀创造性思维，这里有些话很有用：

“那永远都不管用。”

“别用这些废话浪费我的时间。”

“我们之前试过了。”

“就算你想得出来，那也是错的。”

这里，团队氛围概念很重要。一些团队就像英格兰四月清晨的白雾：它们会扼杀思想的花蕾，但这些花蕾可能有一天会开花，成为规划。团队氛围消极、伪善、让人焦虑。其他组就像五月的清晨，温暖和煦、积极、催人上进、给人自信。领导力是转变团队消极氛围的重要因素。一个重要的技能就是问一些领导方面的问题，这在“催生想法的一些技巧”列表里有显示。

我们每个人都有数千万计的脑细胞，这也是你们公司购买的最昂贵的资产。想要规划好，不仅要用自己的大脑，还要团队集思广益。这么做回报颇丰。品质圈[1]源于日本，1961年只有20个品质圈，到了1980年，品质圈会员人数达到了惊人的1000万人。毫无疑问，那时的日本在20世纪80年代，掌握了领导力的品质，在汽车和电子制造领域尤其如此。1945年，谁会想到，几十年过后，丰田和本田会在美国本土挑战到通用汽车的霸主地位呢？品质圈背后的原理很简单。小组每周上班时间在公司见一次，讨论工作问题，调查原因，给出解决方案。这些方案要么立刻执行，要么提交管理层，获得批准后执行。

制定应急方案

搭建工作项目组、制定时间规划，当然要从选择实现方法开始。依据采用的技术，工作可大可小、可复杂可简单。

1 品质圈（quality circle），又称品质管理圈（quality control circle）。根据这种方法，工作相同、相近或互补性质的人自发组成的小圈团体，大家通力合作、集思广益，接着解决工作现场、管理、文化等方面所发生的问题，提升办公效率。——译者注

催生想法的一些技巧	
问题 / 说辞	**说　明**
引　入 “鲍勃，你有很多行业的从业经验，他们是怎么解决这个问题的？”	满足任务和个人的需求
激　励 “想象自己现在白手起家。我们该怎么做呢？”	大脑就像汽车发动机，需要大胆的想法和发人深省的建议激活
深　入 “玛丽提议降低材料数量，我们可以丰富一下她的想法吗？我们可以更多地使用电脑吗？我们还能做什么改善信息存储？”	需要看到建议里的好想法和原则，并进一步发挥
拓　展 “我们可以把吉姆省时的建议和玛丽安全的建议纳入规划。”	有助于形成团队的解决方案。这是一个具有创意的过程，将分散开的线索和零碎的内容编织成整体
取其精华，去其糟粕 “麦克的提议很有趣，也很有用。但这个太耗费时间了，我们当前必须要将其搁置。”	如果你接受了麦克，但却很委婉地拒绝了他的规划。那么他不会憎恨你，下一次还会想出成功的想法

唯一的指导就是要尽可能简单。但规划中，还有一面是领导者更会关注的：制定应急预案。

没有人可以做出完美无瑕的计划。没有人可以预见未来的每件事。一旦思想停步，团队开始行动，决策就真的没有回头路了，这样就一定会有一些紧急情况。这些事会偶然发生，动因无法预料，从而影响人们正在进行的工作。

好的计划就要在人事上做一些紧急预案。谨慎的房主往往会存一点储蓄，以防不测。明智的将军也会留一些储备军，以免敌军攻其不备。你的规划要足够灵活，这样你在无法预见的但可能发生的事情面前才不会手足无措。

重申一下，优秀的领导思想要有前瞻性，会充分利用想象，合理地预料一些经济情况。他们的想象就像一个精神雷达设备。一旦捕捉到一个可能的紧急事件，就一定会预估事情发生的概率，相应地做出预案。所以，你的猜测必须要有理有据。“大到战事，小到生活中琐事，所有的这些都是让人们边做边探索。这就是所谓的谋划之明。”惠灵顿公爵在一个晚宴和朋友说道。从领导力品质的角度来说，这就是所谓的先见之明，也就是看到别人看不到的事情，因为很多人还达不到远眺那山的高度。

小结

规划在任何工作团队和机构中都是重点，也是构成领导力的一大原则。

一旦任务确定下来，规划的第一步就是要扩充方案。往往这种工作最好是在与他人的协商中完成。不仅要对新想法和可行的方法持开放态度，更要积极鼓励他们。你要努力地进行创新思考，学会如何在团队和个人里激发具有创意和创新性的想法。

任何想法，无论多新颖，都不可能完美无瑕。实际上，经验教会我们，任何计划，即便再好，也可能会有偏离轨道的时候。只按照“最佳情况”规划项目，显然不是明智之举。无法预料的问题、项目运行不顺，这些小故障都会出现。所以，有实战智慧的领导在行动时秉持的想法就是：会有很多事情出错。事事难预料，学会未雨绸缪。你要是够灵活，就可以根据情况里出现的新因素调整计划。一位法国将军曾经跟我说：“规划为你改变想法打了很好的底子。”

所以，作为规划者，你应该培养你的远见，创意想象和鼓励他人参与决策。当然，你所在特定领域的专业知识和专业技能也必不可少。

冒险只是规划不当。

——极地探险家、到达北极第一人

罗尔德·阿蒙森（Roald Amundsen）

清单练习：规划工作		
	是	否
你在制定规划前，听过专家的建议吗？	□	□
你考虑过所有可行的行动方案，依据所需资源、已有资源和最终结果衡量过它们吗？	□	□
你现在有能实现你目标的项目吗？	□	□
你有紧急预案吗？	□	□
你和团队积极寻找了更具创意的解决方案，并将其作为自己计划的基础吗？	□	□
你有没有制定一个尽可能简单易懂，而非复杂难以理解的方案？	□	□
规划里有团队和个人必要的准备和培训吗？	□	□

08

工作简报

看事容易做事难。

——中国俗语

飞行员和机组人员在座位上动来动去，互相交谈。这个巨大的半圆形活动营房（Nissen hut）充当了会议室，屋外的雨水敲打着屋顶。一到10点，副官马上让屋内人员肃静，萨维奇将军（General Savage）大步迈进，站在低矮的讲台中央，两脚立开，面向众人，他说：“今天上午会有一次演习任务，没错，就是演习。攻击照片显示，我们最近一直没有射中目标。”

这是第二次世界大战电影《晴空血战史》（*Twelve O'Clock High*）中的一幕，主演格利高里·派克（Gregory Peck），展示了918轰炸机大队第一次被新任长官召集的情景。我对这部电影非常熟悉，因为在我创立的两日职能领导力或行动中心领导力课程里，这是用于分析的案例。该片现在仍然是体现领导力本质和做法的专题电影，用以解释军事领导力尤为合适。

这种简报会在各种机构都有，即便现在没有了战时的背景。简报会上，领导者发挥了其基本作用——简报告知小组。领导者提前告知或指导小组需要采取的行动。

前面提到了两项职能：规定任务、规划工作。这两项职能取得的成果就是这种简报会要报告的内容。讲完了目标和重要性，你就要介绍规划，先提纲挈领地介绍，然后再详细叙述。但第二件事可以交给下属或者同僚，电影中的萨维奇将军就是这么做的。重要的是，你要解答人们心中的困惑："我负责什么？"所以，简报会前后，问问自己如下问题：

◎ 每个人都明确知道自己的任务了吗？

◎ 团队每个成员之间都有明确的目标和行动标准，并达成共识了吗？

简报会的主要目的就是给小组和个人分配任务，分配资源，设立行动标准。到最后每个人都要知道自己要做什么，能努力贡献什么，该如何同他人一起为既定的目标通力合作。

掷地有声

谈到领导方法，就会让我们想到人们或多或少提到的沟通技巧。显而易见，你需要掌握这项能力，说话才能掷地有声。怎么做呢？

先说件好事，你不用成为大演说家。花言巧语不重要，这些方法在古希腊都是教给想蛊惑民心的人。测试沟通的唯一标准就是你能否真诚地打动团队，推动小组采取预期的行动。德摩斯梯尼（Demosthenes）和一个对手说道："你让听众说'他讲得真好'，而我让听众说'让我们向菲利浦进军'！"

想在解释原因时令人信服，就要在大多数的简报和沟通会议中运用劝服的方法。但如果你掌握了发言或者简报的技巧，这种表达就会更自然。我们找出了5组能够有效地进行团队简报的技巧。

简报与团队工作

简报会和工作会让你可以在三环模型的每一环内做一些有价值的事儿，让总目标能和具体的任务结合起来。比如在任务领域，你可以像萨维奇将军一样，掌控全局。领导者需要一定程度的果断，如果情况需要，团队也会接受甚至欢迎独断。对手边的任务，可以强调采用团队法，这样可以培养团队精神。通过倾听个人，承认他人帮助自己实现了会议的目标，你可以满足一些人的个人需求。会议也是强调个人贡献对企业成功的机会。

电影中的萨维奇将军就是用了简报会这一媒介传达和分享了自己的展望、标准和价值观。在一些最佳的领导力案例中，一个团队士气低沉，领导者接手后，士气大变。这个过程中，最初的简报会尤为重要。因为第一印象不仅在个人生活中很重要，在工作关系中同样重要。

简报技巧

技　巧	定　义	实现方法
准　备	超前思考、规划沟通的能力	讲话要包括开头、正文和结尾。准备吸引人的视觉道具，但别太多。提前安排好房间
阐　述	解释清楚、让人理解的能力	先厘清自己的思路。避免谈吐晦涩，努力解释问题

（续表）

简报技巧		
技 巧	定 义	实现方法
简 化	简化事情的能力	用生动的类比，将陌生事物与熟知的事物联系起来。避免复杂的术语。先概括，再总结
生动描述	生动描述话题的能力	使用生动的语言和方法，甚至都可以使用噱头。保持热情，试着带动团队。可能的话，幽默一些
保持镇静	观众面前，克服紧张，表现洒脱的能力	深呼吸，戒除紧张的习惯，举止大方

你和他人第一次开会时碰面的印象会永远被记住。如果你刚上任，任务可能比较笼统，除了分享自己的想法，你可能没有什么其他要做的了。但你可以分享自己的远见、意志力和改变团队氛围和水准的决心。也就是说，你可以沟通自己的想法，鼓舞他人。这可能需要大费口舌，人们也会拭目以待，看看是否会有实实在在的行动。

阅读下面有关简报技法的案例研究，然后完成文后的练习。

1942年8月13日，也就是阿拉曼战役前两个月，蒙哥马利抵达第八军司令部。“这里的气氛比较阴郁。”他在日记里写道。当晚，他向军队司令部的全体人员发表讲话，大约五六十名军官。由于他是该部队一年内换的第四任军长，他面对的这群听众充满疑虑。显然，他们不认为他能够力挽狂澜。如果想要重振这个士气低落的团队，他就要在那一晚赢得军心。

蒙哥马利站在前任敞篷车的车梯上，向站在沙地上的军士们致意。他直面听众，没拿稿子，脱口而出：我想先介绍一下自己。大家不了解我，我也不了解大家。但我们要一同工作，所以我们要先互相了解，相互信任。

我刚到几个小时。但根据我到达后看到和听到的情况，我想和大家说，我信任大家。我们能像团队一样通力合作，我们能拾起对这个威武之师的信心，在非洲取得最终的胜利。

我认为军长的第一要务就是要营造所谓的“氛围”，他的参谋、副官和军队都在这种氛围下生活、工作、战斗。

我不喜欢这里的总体氛围，这是一种充满怀疑的氛围，一种寻找下一个撤退点的氛围，一种对战胜隆美尔丧失信心的氛围，一种在开罗和尼罗河三角洲地区严防死守的氛围。这些必须终止，我们要在这里战斗。

如果不能存活于此，那便让我们长埋于此。

我想让每个人明白，糟糕的时代已经过去。国家给我们的新生援军已经抵达埃及，我们自己的援军也在路上。我们马上就要有三四百台新的谢尔曼坦克，坦克已在苏伊士运河卸运。首相给我们的命令就是摧毁北非的轴心国力量，半张信纸上都是这样的内容，我们一定能完成。如果在场有人觉得完成不了，就马上离开。我不想军队里有人质疑。这项任务可以完成，而且一定会完成，不容置疑。

我现在知道隆美尔随时可能发起进攻。很好！就让他攻过来！

我希望他不会一周内攻过来，这样我就可以整顿军队。要是有两周，我们就可以整装待发。然后，他可以随时进攻，我也希望他攻过来。

同时，我们自己也要开始规划总攻势，这将拉开从非洲以外6个方向攻打隆美尔的序幕。

但我们首先要建立装备强大、灵活机动的预备役部队，在战线之外受训。隆美尔在自己的非洲军里一直有这一部队，这个部队从没用过，但却一直储备起来，应对突击。这就是他的强大之处。我们也会组建这样的军队，组成我们的装甲部队，包括两个装甲师和一个机动师。我昨天已经在尼罗河三角洲对此下令。

在完全做好准备前，我没打算发起总攻。很多战区都有压力，要尽快进攻。但没准备好之前，我们不会进攻，这点你们放心。

同时，如果我们还在备战，隆美尔就贸然进攻，那我们就不奉陪了。我们要做的就是继续准备，只有做好了准备，我们才会开战。我要告诉你们，我一般按照参谋长制度工作，将德·甘冈（de Guingand）旅长任命为第八军参谋长，通过他下达命令。他说的话，就是我说的话，要立即执行。我知道听到这里，大家会有“牢骚”。说是“牢骚”，就是说大家会找搪塞的理由，不执行被告知的任务。立即停止这种做法。

别跟我发牢骚。如果有人拒不服从命令，可以走人，立刻走人。我要这个命令通彻第八军。

现在，我还有一些话要说。你们中的一些人认为应该够了，在想我是不是疯了。你们放心，我很健康。

我知道，有些人认为我疯了，我已经司空见惯了，觉得这是在夸我了。

对此，我想说的是，如果我有点疯，我可以指出一大批人，他们都已经十分癫狂了。

我所做的，就是跟你们说清楚我们要工作和战斗的“氛围”。你们必须了解，氛围会渗透到第八军的方方面面，直到级别最低的小兵。所有士兵都要明白要求；当所有人都遵守这些要求，全军就会信心倍增。

我要大家给我信心，要相信我说的内容都会实现。

要做的还有很多。我下令不许撤退，这意味着我们的形势会发生巨变，还有，我们必须开始准备总攻。

当务之急就是把我们的司令部搬到一个正规的地方，我们可以相对舒适地生活，军队参谋可以聚在一起，与沙漠空军司令部靠在一块。这个地方比较艰苦，卫生条件差，还是非洲蚊子的聚集地，在这里无法做好工作。我们将移到海边，那里空气清新、环境卫生。军官想好好工作，一定要有好的、舒适的工作环境。所以，我们动身去新的战线吧。

很快，参谋长就会对诸多事项下命令，资深参谋随时可以来请示。

最重要的一点就是要记住，我们会一劳永逸地打败隆美尔这家伙。这轻而易举，毋庸置疑。

他是个不折不扣的讨厌鬼。我们会给他当头一棒，让他一命呜呼。

蒙哥马利走了下来，军官们起身立正。“如果沙漠里面有针的话，都能听到针掉落的声音。”蒙哥马利回忆道。“但这次讲话确实产生了重大的影响。那晚，士兵清晰地感到，他们有了盼头。”他的参谋长德·甘冈赞同地说道：“这是他的一大卓著功绩，这次讲话振奋人心，棒极了！我们当晚休息的时候，心中都有了希望，也对军队的未来充满了信心。我希望有人把讲话速记下来，这绝对会成为经典。”好在这个演讲被速记下来了，归档多年，1981年付印才首次面世。

练习7：蒙哥马利在阿拉曼的讲话

· 蒙哥马利如何开始改变团队氛围的？
· 他沟通的共同目标是什么？
· 新的打击计划是什么？
· 他设定了新的团队标准吗？
· 他对在场所有人有什么期望？
· 他如何回应参谋的个人需要？
· 如果让你用一个词来形容蒙哥马利的讲话，你会用什么词？

给个人做简报

给个人做简报，既给他提供信息，也提供指导，这是领导力的永恒职责。和其他职责一样，这个职责也可以很好地履行，这时它就成了技能，但这个职能也可能会被运用得比较糟糕，这就可以称为灾难。在危机和紧急事件中，这些指导往往都成了命令。没有生死攸关的因素或者时间短缺的情况下，最好通过建议或提问的方式给予指导。有必要的地方，可以给出行动原因。

托尼，我建议你下周五把法国的销售报告交给营销总监，别下下周二给他。我知道他周一董事会上要提交报告。请问可以吗?

从小时候我就注意到，一些事，如果我的父母老师好好跟我说，而不是对我耳提面命的话，我更愿意做。这可能是个人的特点，或者说是英国人的特点。但是，我的印象里很多人都会有同样的反应。这就是为什么秉性恭谦是所有领导者做事的特点。当然，我注意到优秀的领导者往往会请你做事，而不是派你做事。

显而易见，体谅他人、灵活地做简报，可以让你完成既定目标，更能让你超脱下命令这件事儿。放在更大的环境里来看，需要团队和组织持续不断发力，让人们知道进展如何，打造或构建一个有正能量、有创造性、有信心的团队精神。

EFFECTIVE LEADERSHIP

领导力短训

最重要的六个字:“我确实做错了。”

最重要的五个字:“我为你骄傲。”

最重要的四个字:“你怎么看?”

最重要的三个字:“劳驾了。”

最重要的两个字:“谢谢!”

最重要的一个词:“我们。”

最不重要的一个字:“我。”

小结

可能人们脑海中与领导力关系最密切的就是沟通。优秀的领导者会沟通。但重要的是，你要做得更具体。本章涉及简报职责，这个看似简单的活动却需要许多有待培养的技能。

领导力的第一层里，你要能够给小组简报目标和规划。在最高层，你要给组织做简报，报告要求更高的任务。所有等级都需要个人用清晰简单的语言给予简报。这些情况，不论是团队、组织还是个人，都不能仅从任务出发。这也为领导者提供了机会，能够创造良好的氛围，促进团队合作，了解、鼓励和激发每一个人。

清单练习：规划工作

	是	否
你定期给团队和个人做简报，告知当前规划和未来发展吗？	□	□

下面五个高效简报的能力，你如何给自己打分？

	良好	中等	较弱
准　备	□	□	□
阐　述	□	□	□
简　化	□	□	□
生动描述	□	□	□
保持镇静	□	□	□

你怎么来具体提升自己的技能？

1.
2.
3.

你能找出自己听过的最有效的领导简报吗？用一句话概括其有效的原因。

	是	否
你的机构可以让负责实施的人双向沟通信息和指示吗？	□	□

可以的话，怎么做？

09

管控职能

磨刀不误砍柴工。

——谚语

“这袋金子我放在桌子下面，没人能留意到。记账的时候，我会把它算到差旅费用里。”中世纪，国家各个部门的御用仆人也会从钱柜里随意取用。所以，有必要再做一个副本监控收支记录。这样，你就可以和副本核验，对比宗卷（来自拉丁语contra rotulus）。这个拉丁词的缩写就是“管控”（control）一词。更广义上来看，“管控”就是工作开始时要进行的检查指导。这种情形下，管控的首要作用包括在工作进行中协调团队力量，调和团队关系。

一开始，你就要确立自己是负责人的地位，然后维持管控。但这不是说所有的领导工作都要你一个人来做。一些下分小组和个人团队成员会热心帮忙，但也有可能他们会从你手中抢去管控权。有时可以让这些专家和能者自由发挥，但你必须要将其牢牢控制在手里。不论你多么喜静，你绝对不能让别人控制你和你所在的团队。你需要勇于自我肯定，不要胆怯。给出指示（比如说下了命令，提了建议或者提了问题），然后像孩子一样扔块石头就跑，这种做法会对个人威信造成致命影响。

一旦项目的工作开始了，最重要的是你能管控并协调进程，确保所有人都能像转动的轮子一样，充满活力。即便是大部分人也可以，因为一些人就像老式蒸汽机一样效率不高，而且蒸汽不是这儿漏，就是那儿漏。但是团队大部分的协同作用或者共同力量都要充分利用起来，实现共同规划，产生理想的结果。

怎么做呢？管控的秘密就在于脑中要清楚应该发生什么，何时应该发生，应该由谁来做，以及应该怎么做。团队参与规划越积极有效，他们清楚了解要求的可能性就越高。理想的情况是，你打交道的团队和个人应该自我管控，这样就可以依据标准或者时限进行调整。“我们只有两个小时了，大家要加倍努力，在时间截止前完成工作。”作为领导者，你的目标就是尽可能少地干预。

> 太上，下知有之；
> 其次，亲而誉之；
> 其次，畏之；
> 其次，侮之。
> 信不足焉，有不信焉。
> 悠兮其贵言。
> 功成事遂，
> 百姓皆谓：我自然。
>
> ——老子（公元前6世纪）

接着，你在指导、调节和限制的目标就是让团队的工作不越界，就像航海一样顺畅。这就是判断你管控是否有效的唯一标准。你有大局观，就是说你能看清全局。如果采用航线的路上出现障碍和困难，你就应该做好准备帮助团队克服。

管控者的立场就是就事论事，善于观察而非事必躬亲。观察项目执行阶段的一个优秀领导，你会发现他的眼睛从不呆滞。这里的做法应该是观察、思考，只在极为必要的地方干预，少用权力。

显然，忽略安全标准，有人就会因此丧命或残疾，因为你的思考必须要快。但是你关注的很多内容，都达不到标准，如果你想事事完美，效果会更糟。你必须当机立断，是立即干预还是随后补救。

如果决定干预，原则就是尽量少动用权力。比方说，你要是掌舵远洋航艇，通常情况下，你不需要强迫船舵转向或用撑篙向船员猛冲。想让团队按既定的航线航行，你可能只要管控就好：静静地说一句话，甚至看一眼，就能起到作用。阿拉伯人说过："不会察言观色的人，解释再多他也明白不了。"作为领导者，你带领大家走的这个线路，应该能让你在没有过多干预和毫无指导中在这两个暗礁间航行。然而许多领导者都是在波涛汹涌的海峡里翻了船。

若规划进行顺利，且团队里有自律的人，你就能够有时间帮助个人和下面的小组推进他们的任务。想让所有人努力工作的话，千万别让人感觉你四处走动，游手好闲。但你要处于状态之中，只要事情跑偏，马上就可以采取行动。一些领导者错误地卷入工作的细枝末节，全然不顾自己要通盘考虑的责任。忙于砍树，你就见不到整片森林，但只要你让自己的伐木工人拿上斧子，他们就会砍得比你好！只要不让你偏离自己指导管理工作的职责，勤于政务从来都值得推崇。

管控会议

领导者的职责就是主持各种会议。所以，三环模型同样适用。决策也很重要，因为这往往就是各种会议的内容。所以，如果你掌握了有效的领导方式，主持会议的具体内容就没有需要补充的了。那么，最重要的事就是对在位的资历丰厚的主席进行观察，向他们学习。这类人不多，别错失良机，观察他们如何主持会议，完成任务，团结小组，让每个人有效地贡献自己的才华。

在各种会议中，一些领导力职能更为需要。稳重而友好地安抚成员的能力需要培养。判断一致意见的技能也很重要。有水平的领导能感觉出赞同区，这个区域就像不断移动却又捉摸不定的鱼群。领导观察肢体行为的能力十分重要，比如眉毛上翘、微笑、猛烈点头。通过观察主持会议的优秀领导者，你会注意到他一直在关注与会人员的面部。最后，在会上也不止一次要用到总结的能力。这是寻找方向感的手段，确保船只仍在航行。

管控内阁

内阁往往一周见一次。这对例会来说已经够了，尤其是当他们一开始就明白会议时。他们要尽快返回自己的工作中，首相应当尽量少去干预他们。我们十一点准时开始，准时起身吃饭。甚至在危机时刻，一周里开两次会议也就够了：有危机的话，谈得越少越好。

内阁会上，首相不用说太多。他宣布开始，让别人说话，一些年长谦虚的人，如果首相不主动请他们发言，他们可能会一声不吭。最后，首相必须总结。工党资深的领导者深谙此道。他们参加了议会和政府会议的各种辩论，而且经常总结陈词。这是对内阁成员很好的训练。尤其是非内阁成员的部长首次应邀参加时，首相可能有点残酷。这个成员可能想展示自己良好的一面，多讲一些。好的做法是别冒险，让他提前给内阁提交报告。首相会说：“部长先生，报告写得很清楚，还有要补充的吗？”用肯定的语气却明显表示出想要的答案是“没有”。如果有人想长篇累牍，比较好的终止方式是问：“有人反对吗？”如果有人喋喋不休，要迅速反应“你反对吗？不反对吗？那就下个话题”。这样内阁会议就可以进行下去。

让内阁会议能进行下去很重要，会后产生一些清晰明了、意志坚定的决定。这就是政府的职能。对民主的挑战就是如何快速完成这件事。

——克莱门特·艾德礼（Clement Attlee）

管控组织

与团队不同，在组织里，有必要建立管控体系，因为处于顶层的领导者显然无法亲身进行管控。战略领导同资深领导力团队要步调一致，确保各级领导履行管控职能。想要管控，管控的制约体制就要建立，提供必要的信息。成功组织，就是要把管控职能下放到一线，但也要有一组中央管控体系。

罗勒隆是一家制造园林工具和器械的公司，该公司在购买克莱夫·米切尔（Clive Mitchell）自动割草机的发明后，开始有了起色。该机器十分擅长抛出卡住的石子，而不损伤刀片。

3年里，公司雇员已从300人涨到3000人。但顶层领导没有引入合适的年度预案制度，每个月都要核对目标额。成本上升，负债上涨。公司董事会在割草机市场轻微下滑时并没有收到信息，这些消息原本能让他们把资源转投到其他领域。

现金流的问题成了压垮骆驼的最后一根稻草。“该公司产品优秀，员工热情高，但是领导层没有建立起合适的金融管控。”公共资产接收人在其破产报告中这么评价。

无独有偶，几乎所有失败公司的共同点都是一样：管控职能中双向交流能力差。无论你是哪一级的领导者，你都要指导和管控局势，否则就会被它控制。

自我掌控

控制不了自己，就无法控制别人。以脾气暴躁为例，当事态严重，仍有挽回余地时，偶尔发一回火倒也无碍。领导者并非往往平心静气，能合理地发火也很重要。下属会小心谨慎，不会刻意办事低效或无效而惹怒领导者。但脾气暴躁是另一回事儿。

这绝不是个无害的缺点或个人脾气的问题。如果你易怒、性情多变和暴躁，人们就会认为这是因为缺乏耐心、仁慈、礼数和无私精神。

但要记住，你所有的缺点只会让你倾向于采取一定的行为，并不保证你一定会这么做。数百名领导者成功抑制住了自己火爆的脾气，抑制了能量的释放，而不会“怒发冲冠”。大数的扫罗(Saul of Tarsus)[1]说过：“领导者不要轻易动怒。”

我们身上还有许多方面需要我们自控。单单管住不听话的嘴巴都已

1　大数的扫罗（Saul of Tarsus）：原名扫罗（Saul，拉丁文Saulo），因家乡为大数（又译塔尔索），所以根据当时的习俗也被称为大数的扫罗（Saul of Tarsus），信基督教后改名为保罗。——译者注

经很难了。令人欣喜的是，每次战胜这些倾向的小小胜利，都会让下一次遭遇轻松很多。正如莎士比亚在《哈姆雷特》中所写：

> 今晚有所节制，
> 这样就会有一丝从容，
> 让今后的节制越来越容易，
> 最后几乎可以改变自然的印记。

冷静下来，厘清思绪

一些情况本身就会引发恐惧和焦虑。每个人都要意识到，恐惧可以传染。正如动物可以通过嗅觉感知出你怕不怕它，人也是如此。你只要想想惊慌如何能悄无声息地让人群手足无措就知道了。但我们内心中的勇气可以克服恐惧，也可以传染。

作为人类，领导者和团队、组织里的任何人一样，也有恐惧和忧虑。但恐惧会让人瘫痪。如果你想让团队继续工作，就要遏制恐惧。你要让自己冷静下来，成为暴风里平静的中心，这样的镇静就会传递给他人。“当别人都失去理智，对你横加指责时，你仍然能保持头脑清醒。”吉卜林这么写道。如果你能做到这一点，你就会冷静下来，开始建设性地思考和工作。

有时，领导者在现场冷静的外表可以改变局势。康拉德（Joseph Conrad）在他的小说《台风》（*Typhoon*）中，生动地描述了商船大副在狂风中如释重负：“船长就在朱克斯身旁，这让他茫然地高兴起来。似乎船长登上了甲板，就靠自己的双肩降低了狂风的强度，让他轻松了不少。

这就是威望、特权和命令的分量。”想想阿拉伯谚语：“惊恐的船长带来惊恐的船员。”

哈罗德·麦克米伦（Harold Macmillan）任首相时，在内阁屋内自己的面前放了一张卡片，在上面有他手写的话：“安静、冷静的思考可以解开每个症结。”这个实用的经验法则值得领导借鉴。

军事史生动地展示了这种领导力。我想到了罗伯特·E. 李将军（General Robert E. Lee）在葛底斯堡得知战败时的情景。在那个黑暗的时刻，他身旁的一名军官写道：“他面部没显示出一丝的失望、在乎和不悦，他鼓励自己见到的每个士兵。‘事情终将结束，我们后面会反败为胜的。’”一个旅长怒谈伤亡惨重，他说：“将军，不要紧，这都是我的错。是我败了这场战，你一定要尽力救我脱出困局。”

我最喜欢的案例是拿破仑在俄国的惨败。

1812年肃杀的冬天，从莫斯科撤退的过程中，拿破仑委托内伊元帅（Marshal Ney）指挥后卫这个风险最大的部队。后卫部队一度发现自己受到俄国军队不断攻击。他们伤亡惨重，弹尽粮绝，在寒风中瑟瑟发抖。内伊元帅的副官德弗雷泽纳克上校（Colonel De Frezenac）提到，他们的处境很绝望。

但内伊元帅的存在足以安抚我们。我们也不知道他想做什么、能做什么，但我们知道他会做点什么。他对自己有信心，他就有勇气。危险越大，他的决策越快，而且一旦他决定采取的路线，从来不怀疑能否成功。所以，即使在这样的时刻，他的脸上也没有一丝的果断和忧虑。每个人都看着他，但没有人敢问他。最后，看到一个参谋靠近他，将军低声说道：

“我们形势不利。”

“您准备怎么办？”军官回答道。

“撤到第聂伯河对岸。”

“走哪条道？”

“我们一起找。”

“如果河没冻上呢？”

“会冻上的。”

到了第聂伯河，法国军人成功渡过了冰冻的河流，但冰面没有厚到能承重他们的大炮。内伊的一个副官掉进了冰里，内伊伏在冰上，拉他出来。套用本书的语言，虽然他肩负着任务和团队的重任，但内伊还是抽出了时间满足团队个人的需求。后来拿破仑了解了内伊在从莫斯科撤退中的战绩，评论说：“内伊是最勇敢的人。”

小结

管控职能要对照标准核查，还要引导工作进入正轨。协调工作和融洽关系就是说，作为领导者，你要关注工作的团队，需要的时候进行建设性的干预，确保团队整体发挥最佳的效果。

这不意味着你没有自己的任务或者冷眼旁观。首先，你对整个团队负责。如果你很好地履行了上述职能，也训练了团队，它很大程度上就会进行自我管控。

各种会议尤其需要主席的掌控。

当事情进展不顺或团队分裂，你的出现尤为重要。这时，需要的是积极的氛围。你镇静的精神会传递到小组。你可以激发信心。做出决定，简报给小组要做什么。记住，在这种危机情况下，只要有决策就比没有好。

管控不仅仅意味着要牢牢掌控。在机构里，重要的是建立起管控系统，这个系统要尽可能简单。除此之外，很多组织垮掉还受财务管理不当影响。

如果你不能自我管控，想管控别人也是徒劳。

老子曰："治人事天莫若啬。"也就是说，不仅要管控好自己的时间，还要控制好自己的情绪，这样时间和情绪才不会控制你。恐惧和忧虑，愤怒和急躁，这些都是你需要管控的。

我掌控自己。

——罗马剧作家普劳图斯（Plautus）

清单练习：管控职能

	是	否
在把团队管控太紧和给团队太多空间发挥之间，你找到平衡了吗？	□	□
你能够协调进行中的工作，让多方共同合力，采取适合各方的行动吗？	□	□
在一些你需要直接参与“专业”工作的场合，你能做出安排，让团队要求和成员的特殊要求都不被忽视吗？	□	□

你见过的效率最高的会议主席有哪三个特征？

1.

2.

3.

你在主持会议的时候，会议超时了吗？

从来没有 □　　　有时 □　　　经常 □

你工作的组织是否因其管控系统而在以下方面受到客户的关注？

产品或服务质量 □

配送 □

降低成本 □

安全 □

10 工作评价

你若能直面胜利和灾难，不偏不倚地对待他们……

——拉迪亚德·基普林（Rudyard Kipling）

价值评估这项基本职能有多种形式：评估、评价、核查、评级、考核、评判和估计。如果评价算是概括的话，其他的都可以算作细分，因为评价就是确定价值的能力。

分析与综合是人类智力的两大基本能力。同这两个能力一样，价值评估也是领导思考和决策的内容。比如说，管控职能就很明显要根据标准来评价工作进度。本章将关注你作为领导者需要掌握和培养的特定技能，即：

◎ 考核结果。

◎ 评价团队绩效。

◎ 评估和培训个人。

◎ 评判别人。

EFFECTIVE LEADERSHIP

判断力简谈

判断力很重要，因为内阁是为了采取行动而做出决定的工具，而决定又来自判断力。内阁不是让人侃侃而谈的地方，好政客并不一定就是优秀的内阁部长，原因就是这个。时间有限，知识不完备，要做出重要的决定，需要的就是判断力。有的人有判断力，有的人没有。有判断力的人可以培养，没有的人也获得不了。

在其他内阁成员进行批评，团队外部遇到压力以及公务员给出建议时，这种有力的品质也很必要。

内阁在通过政策遇到阻力、挫折时，这一点也很重要。一个有判断力的人，不会也不可能被这些所打倒。他也不会因这些“空洞的教条”而晕头转向。

——克莱门特·艾德礼

考核结果

在所有机构里，总有一些人判断力强是出了名的，这就是说他们善于估计机构内外任何潜在行为的后果。同样，我们知道哪些人缺乏判断力。在企业里，他们往往导致罢工、停工和劳资关系崩溃等情况。

在决策和解决问题阶段，你要先估计提出的行动计划和解决方案的结果，然后才能下决心。要记住，结果可以分为六大类，它们高度重合。

描述见下表：

探究后果	
后果类型	试探性问题
理想型	就共同目标、目的和意图而言，此类行动和解决方案有何实实在在的好处？
不理想型	有没有不利的副作用？会不会产生更多的问题？
显现型	现在可以预见到哪些好的或坏的后果吗？
潜在型	有一些后果现在无法预见。我能通过深思熟虑、调查研究减少一些后果吗？我有足够的资源来应对潜在的紧急情况吗？
任务型	采用这种方法，而不采用另一种方法，会有什么技术后果？
人事型	这个对团队、个人、组织、社会和我自己会有何影响？

在一些情况下，你不得不粗略地对这些后果进行估计和猜测。但你掌握的学问越多，你对结果的预测就越准确。可能的话，量化你的估计。在公司里，这就要对你能采取的行动计划做一个严谨的损益评估方法。

“人事型”后果尤其需要领导者关注，对于这种后果，一个常见的错误就是盲目猜测后果，而不咨询相关人士找出后果。“他们绝不会同意额外加班，这确定无疑。他们过去从未加过班。”一个负责人这么说。

但这个假设没经过检测。想想练习5的圆点和火柴棒吧！测验一些结果，看看是否符合实际，可能结果会让人喜出望外。

有人曾经用三句短语简要地总结了决策过程：制定决策，执行决策，等待后果。最后一步在决策的时候可以体现为两种形式：显现型和潜在型。显现型在决策时很明显，潜在型对决策者来说结果比较隐蔽。

除了潜在型决策，在其他决策中也可以认真分析发生事项的因果关系，培养自己预先评估后果的能力。慢慢地，你就会弄清问题类型和发展趋势了。预测就会变得更容易。你的“深层思维”，就是你的潜意识或者说数十万亿个脑细胞，会成为你的计算机，输出警报、判断和预期。一个有着充分信息和教育深度的思维，在分析和消化经验后，对任何领导者都价值连城。

EFFECTIVE LEADERSHIP

领导者的私人电脑

如果让我提建议的话，那就是：如果有人想成功，那就要为此殚精竭虑。人们思考问题，必须要思考周全。相信我，这并不容易。根据我的仔细观察，做好准备承担这项艰苦卓绝工作的人少之又少。

进一步来说，我可以说：尽管在早期，这个工作很难，人们必须接受这一点，但随后就会发现不算太难，思考机制也就训练好了；这样训练后甚至都会下意识地思考了。早期自己思虑不周，要费力思考的压力就不再有了，也不用再花苦功夫了，人的大脑会自动在休息的时候做出决策。只有最为罕见复杂的问题，才会让人绞尽脑汁。

——《六十岁后》，罗伊·汤姆森（Roy Thomson）

评价团队绩效

在企业里，完成某项特定项目后，有必要开一个“任务汇报会”。这会让你有机会从任务的角度，评价整个团队的绩效。首先，你应该根据下面的划分，如实陈述成果：

◎ 大获成功：所有目标都实现。

◎ 部分成功：一些目标或部分目标实现了，但还有目标未能实现。

◎ 任务失败：没有实现任何目标。

接着，你就应该进行评价。这一阶段开始时，你可以发表自己的观点，也可以请人发言，对整个团队做出评价。如果你的领导经验不足，最好是采用简单的方法，找出优点，也就是做得好的部分，然后谈谈可以改进的地方，包括给出建设性的方法，帮助团队提升整体绩效。你可能当场就会推行这些决策，也可能要思考一两天。

团队开会进行“任务汇报”时，如果你不想以某人为例，提升团队绩效的话，就不太合适讨论个人的不足。

但在“任务汇报会”上，你可以解决任何让团队分崩离析的问题。电影《晴空血战史》很好地解释了解决团队分崩离析的情景。在一次“任务汇报会”上，虽然918轰炸机大队仍然在敌军战区承受着巨大损失，但萨维奇发现一些人首先考虑自己的伙伴。

萨维奇：　佩蒂吉尔！

佩蒂吉尔：到！

萨维奇：　这次攻击，我们可以很幸运地只损失一架战机，你为何要破坏队列？

佩蒂吉尔：没错，长官。阿克曼遇到了问题，两个引擎着火，我们面对着敌机。我觉得自己最好和他一起战斗，掩护他进入目标，但他没能做到。

萨维奇：　（停顿了一会儿）阿克曼是你的好友吧？

佩蒂吉尔：是我的室友，长官！

萨维奇：　所以，你为室友破坏了团队的团结。B17战机上的每支枪都会给团队最大的火力掩护，这就是我所说的团队团结。当你把一架B17战机移出队列，你给团队造成的掩护损失可以达到十支枪。受伤的战机不得已要牺牲。唯一不可以牺牲掉的是你对团队的责任。这个团队才是你的尽职之所，也是你在这儿的唯一理由！斯托瓦尔！

斯托瓦尔：到！

萨维奇：让营房官重新分配营房，给每个人都换一个室友。

斯托瓦尔：遵命，长官！

这一幕中，萨维奇体现出了卓越的技能，值得进一步研究。他感觉出了问题，为了完成自己的判断，他问了一个试探性的问题："阿克曼是你的好友吗？"要求重新分配营房来解决这个普遍问题，并重申了他努力定下的团队标准——团队第一，个人第二。

评估和培训个人

"评估会"是个耳熟能详的管理术语。这就是个例行的面试，一年仅一次。这时，经理和下属共聚一堂，根据目标评价下属工作。"别跟我说这个人工作不错，告诉我他具体做了什么不错的工作。"安德鲁·卡内基（Andrew Carniege）和他的工厂负责人这么说。

评估会时，你要创造一个能和下属建设性地谈话的氛围，讨论以下议题：

◎ 过去绩效。

◎ 今后的工作、目标、重点、标准和策略。

◎ 沟通预期，明确对方可以做出的合理贡献。

◎ 提升技能、知识和行为。

绩效评估面谈

序号	指导原则	注意事项
1	确保获得必要的数据	想要讨论内容充实、就事论事，所有的文件、报告、数据和备份信息面谈时都能轻易获得
2	让对方放松	双方都要尽量放松，放开来谈。要明白会谈的目的，围绕目的来谈，准备好冷静坦率地讨论
3	控制好会谈的节奏和方向	双方都要发挥作用，控制和影响面谈的节奏和方向，确保只谈工作，不跑题，有成效
4	倾听，倾听，再倾听	面谈最难的一面就是让双方真的去倾听对方。倾听不只是不说话，而是要清空固有的成见、偏见，就是要乐于接受他人的观点，如果别人的观点比之前的要好，谦逊地接受意见
5	不吹毛求疵	可能的话，要鼓励人们进行自我批评，批评自己的表现，鼓励提升自我。这种方法对消除会谈时产生的不必要的冲突十分有效
6	系统回顾绩效	实事求是很重要，这些事实可以很充分，这就是相关的备份信息发挥作用的时候
7	讨论未来的行动	这是与别人可以几乎平等讨论的机会。讨论内容包含：已完成的工作、最佳的解决方法、实施人、何时来做还有采取的标准

（续表）

绩效评估面谈		
序　号	指导原则	注意事项
8	准备好讨论潜力和志向	并不一定会讨论个人晋升潜力的问题，但为此做好准备是明智的做法
9	找出必要的训练和培养内容	面谈最后的一部分往往是谈论实施既定行动方案可能需要的训练和协商
10	避免明显的错误	常见错误如下： ◎话太多，不让别人说话 ◎引起不必要的冲突 ◎匆匆得出结论 ◎无端指责他人，尤其是那些没有参加会谈为自己辩解的人 ◎期望不切实际，比如希望他人一夜之间改掉自己很明显的性格特点 ◎最后做出的承诺双方都无法履行

你会发现，上述表格中的一些指导原则对评估的双方都有用。

面谈会即将结束或者晚些时候，双方同意的行动都要落笔成文：要做什么？何时做？达到什么标准？

别对正式的绩效考核会议期待太多。可以肯定的是，如果评估双方都没有切实的行动跟进的话，这些会议很快就会成为空洞的仪式。但是评估不错，再加上有效协商的话，结果就会提升团队合作，增强使命感，增长知识，提升技能，优化品质。

在职培训

霍洛克将军（General Horrocks）回想起了一件事，解释了蒙哥马利培养高级领导层中人才的能力。

（阿拉姆哈勒法）战役后的一天，我得意洋洋地坐在司令部里。仗打赢了，也没人追着我了。还有什么比这更好呢？随后，第八军司令部的一位联络官进来了，拿给我一份蒙哥马利工工整整书写的亲笔信。他写道：亲爱的霍洛克：做得不错！但你要记住你现在是军长，而不是师长……

他接着列出了我做错的四五件事儿，主要是我过多干预下属的任务。这种洋洋得意感瞬间消失。

可能我更不是上天派来的神将。但我越思考战役，越意识到老蒙是对的。于是，我给他打了电话，表示万分感谢。

我提这件事，是因为蒙哥马利是为数不多会训练下属的人。一场胜仗改变了整个中东的战局，这场胜仗的第二天，还有谁会这么费事地亲笔写信给自己的下属呢？

——《充实的人生》，布莱恩·霍洛克中将（Sir Brian Horrocks）

所以，你顶多能将这种正式的体制当成推动程序不断进行的安全网。作为领导，你要不断评估每个人贡献的价值，对他们的做法给予反馈。有时，许多人，尤其是过于低调的人，总会低估自己采取的行动或发挥的作用。这是一种职业自卑情结。领导者要更正这种错误判断。正如所见，他们可能会有机会指出目标上的不足。

但是，领导者并没有坐在法庭法官席，评判站在被告席的员工的行为。他要尽力提升绩效。领导者要善于沟通有关人员的长处和不足。他们手边必须有数据和信息足以支撑他们的观察。首先，他们要给出建议，这样，建议才可以被个人接受和实施。最好的做法就是让个人对照现有和进行中的宗旨和特定目标，评价自己的表现。然后，和他们就今后的行动计划达成一致。

所以，显而易见，要想评估个人绩效的职能发挥作用，必须要有某种学习和训练。

即便面谈会的结果是你辞退了那个人，或是把他转到其他组，这个会面也可从正面来解释，因为你们共同上了一课。作为领导，一些方面你要教育或训练别人。同理，老师也要在一些方面循循善诱。

有可能你会教自己一些特定的技术，比如在评估会上提出不同类有用的问题。以下或许是有用的例子：

情　形	具体事例
开　场	“跟我说说你的销售项目吧。”
试　探	“那是你第一次没有实现目标吗？”
求　证	“事情发生时，你在哪儿？”
反　思	“显然，你对自己听到的内容感到十分失望不安。”
引　导	“我觉得，你明年会改进吧？”
抉　择	“现在有一般的人事工作岗位和劳资关系法的岗位，二选一，你选哪一个？”

但更重要的是，你要重视自己的责任，像导师一样全天候培养团队成员，而不只是在正式和非正式之间那样只对他人进行一两个小时的培养。你要从自己的实际经验中，提供有益的内容分享给成员。

不幸的是，如果你的下属在这一方面没有高度评价你的话，他可能不太想向你学习。温斯顿·丘吉尔曾经和妻子说过：“我不想被人说教，但我喜欢学习。”你身上有什么特点，让别人想向你学习？鉴于你有一点智慧，最好不要把你自己当作训练运动员的教练，而是当作更有经验的艺术家，坐在另一名艺术家旁，对其作品进行有益的点评。

记住西塞罗对演讲者的定义吧："一个善于说话的人。"别人的成长也能测试你作为师长的善意和技艺，因为实用的智慧里有智力、经验和善意。当领导获得收获感的活动有很多，指导别人便是其中之一。

评判别人

你可能听到过一些领导者在其他方面很擅长，比如："他不善识人，所托非人。"

相反，一些人并不是领导者，但却天生擅长判断他人以及他们在特定情况下的做法。如果你天生有判断能力，你可以通过观察、经历和学习对其加以培养。在你的公司里，观察人事任命时，一方面根据你对别人的了解，另一方面关注一下职位要求，这样对你极有指导意义。你会这样任命吗？就结果来看，这个决策是很好，一般还是很差呢？

从多个方面来看，宠信他人会对领导力产生很恶劣的影响。首先，这会打破团队团结。研究显示，如果到北极游玩的人在众多的雪橇犬中，独宠一只的话，整个犬队的效率就会大打折扣。其次，你宠信的那个人也会被别人当作你识人的标杆。

对于那些你给予过高度评价且信赖的人，有识人能力比你强的同事如果不认同，那么你的公信力就会受到影响。第三点是，受宠的人会敏锐地观察迎合领导的社交需求和尊严需要，步步攀升。如果他们觉得你喜欢溜须拍马，他们会正中下怀。一些人天生就会逢迎，会用这种手段赢得你的青睐。很快，你就会断人不明，也会忘了自己宠信他们是什么原因，是他们独具魅力，还是谈吐风趣。然后就会把他们晋升到需要真正承担责任的岗位，但最终他们必定会失败。

虽然人们之间的喜好程度不同，但假设你能保持公平公正，那么改善你对一个人判断和决定的最好方式就是慢慢做决定，更努力地观察他们。总会有些时候，你会分析自己对他人的印象并和他人讨论，以便积极解决问题，但随后又会出现，你凭个人的潜意识或者“深度思维”来进一步解决这个问题。

EFFECTIVE LEADERSHIP

人事决策

在我有机会观察到的众多优秀管理者中，有些人决策迅速，也有人决策迟缓。但毫不例外，他们做人事决定时都很谨慎，而且在正式表态前，都要反复掂量。

据说世界上最大的厂商，通用汽车的前任总裁小阿尔弗雷德·P.斯隆（Alfred P. Sloan, Jr.）从没有在人事问题上做出快速的决策。他会尝试判断，甚至规定下来要花几个小时。

接着下面的几天和几周里，他会重新来看待这个问题，好像之前从未解决过这个问题一样。只有当他连续两三次给出同一个名字时，他才会任命。斯隆挑出的“人员”赢得选举，斯隆的识人之名也就实至名归了。但当被问到他的秘密时，据说他的回答是：“没有秘密，我只是认为，我想到的第一个名字的人可能不太合适。所以，我会多次厘清思考和分析的过程，然后再下决定。”但斯隆绝不是个很有耐心的人。

能够将人事决定做成这么有影响力的管理者少之又少。但我有机会观察到的所有管理者都了解到，如果想要任命正确的人，他们要连续花多个小时，不间断地思考，才能做出人事决定。

——《有效管理》，彼得·德鲁克（Peter Drucker）

自我评估

与其他职能一样，你也可以将评估的原则用于自身和从事的工作。事实上，你的一个目标就是要清楚地了解何为领导能力出众。这样，你就可以定期地就领导力评估一下自己的进度，因为学习领导力最好的方式就是尽可能地做好当前的工作，悉心观察自己的表现。如果你已经有这种意识，观察自己的领导力表现，那么即便犯了错，失败了，也会获得有益的经验。

在这种情况下，你评估自己时就要参照一般职责，即领导者的责任和职能。领导力是一个以他人为中心的行为，并不关注自身，所以你要避免自己产生任何先入为主的观点。“我们不要从自己的角度考虑自己的责任。”19世纪英国伟大的首相格莱斯顿（Gladstone）如此说道，“我们要承担自己可以承担的职责，别轻易高估自己的能力。自我反思时不要自满，多思考自己。审视自我时，不需要和自己的目的紧密结合起来看待。”

小结

评估是领导力一项重要的能力。本章中，该话题分为五个小标题讨论：考核结果、评价团队绩效、评估和培训个人、评判别人、自我评估。

决策中的一个重要部分就是依据技术后果、财务后果和人力后果来评估备选项。

除非你能熟练地评估好团队绩效，否则为你工作的人将会丧失他们本应该能得到的反馈中极为重要的一部分。团队越好，就越想优秀，也就越欢迎建设性的批评意见。

评估个人的贡献也是一个连续的活动，这个活动中的一部分就是要发挥出人力最佳的一面。你的领导职位越高，培养出良好的识人能力就越重要。避免宠信别人。测试你这方面的能力就在于你所任命之人的表现。“观其绩，知其人。”

清单练习：工作评价		
在评估一系列可能行动和解决方案的后果时，你花时间考虑了这种后果对任务本身、团队以及个人的影响了吗？		
总会思考 □	有时思考 □	很少思考 □
当谈到决策判断时，你怎么评价自己？		
良好	你的决策往往可以预测结果。你可以预见结果，几乎不会因为结果而惊讶。自己一直很精明、有洞察力。	□
一般	你对结果的预测正误对半，你的常识一般准确。	□
较弱	判断不当往往会影响你的表现。你总是从现有决策中猜测过多，而且经常失误。	□
你如何评价自己对他人工作的评估？		
良好	你定期召开评估会，每天都会做很多工作。你的观点有理有据，重视表扬在先，批评在后。你的评估重视能提升工作绩效。	□
一般	有时评估有效，有时无效。你发现有些人就是很难评价。坦率来说，一些不灵活的人不愿意学习，你对他们束手无策。	□
较弱	每次你试着评估别人时，都会丧失公信力。最后都会陷入争吵。你告知他们了，但他们不听。	□
你的识人能力如何？在选拔提升个人时，下面哪一种陈述是你的方法的特点？		
你总是会选出一个优秀的人，从来不用寻求他人或专家意见。		□
你总是靠第一印象。即便你认为自己错了，最终还是选他们。		□
你做人事决定很慢。你喜欢咨询了解人选的人，而且是秘密交谈。你不相信自己的第一想法。		□
你想看看一个人在不同情况下的表现，再下决定。以往表现对你来说是个重要的因素，这比心理测试之类的东西更靠谱。		□
你很少会仅考虑技术因素选择一个人，除非他们靠自己完成。你试图用他们作为团队成员和领导的表现来判断他们能否和团队成员和谐相处。		□
与你对别人的评估相比，你认为对自身表现的评估：		
更为严格□	稍显宽松□	几乎一致□

11

激励团队

熟水性，好划船。

——中国谚语

作为领导者，你要能让团队和每个成员都沿着理想的方向前行或者保持前行。推动和激发人们前行的能力叫做激励。激励活动的对象就是团队和个人。广义上来说，如果你是战略领导者，那么对象中还包含了机构。

激励理论多种多样，大部分都是基于马斯洛的理论，他们在20世纪50年代开始影响产业界和管理界。道格拉斯·麦格雷戈指出，经理往往采用两组关于人事的假设之一行事，两组假设相互冲突，或明或暗，他将其命名为X理论和Y理论。他的这个分类很经典，具体见下面的表格。

麦格雷戈指出，我们对一个人的看法会强化他的行事风格，这就是自我实现预言。如果你告诉别人，你觉得他们懒到家了，他们就会努力实现你的预言。如果你高度重视他们，即便事实也许并非如此，他们也会努力满足你的期望。

员工假设	
X 理论	Y 理论
员工不喜欢工作，会尽力避免工作	◎工作是员工心理成长所必需的 ◎员工想对自己的工作感兴趣 ◎条件合适的情况下，他会喜欢工作
员工必须有外力或甜头，才会花对功夫	员工会自己朝向既定的目标努力
员工愿意被指挥，而不想承担自己想避免的责任	◎条件合适时，员工会承担和接受责任 ◎员工的自律更有效，也比外部强加的更严格
员工的激励主要靠金钱 员工忧虑安危时，就会被激励	条件合适时，员工会奋力激发自己的潜力
除了规避管理规则时，绝大多数员工没有创造力	创造力和聪明才智很多人都有，而且没有被充分利用

天生的领导者重视根据员工有价值这个假设采取行动。他们相信员工有创造力和战略观，而不去理会反面的证据。“相信别人，别人才会忠于你，”爱默生说过，“好好对待他们，他们才能好好地展现自我。”

EFFECTIVE LEADERSHIP

皮格马利翁效应

在萧伯纳的《皮格马利翁》中，伊莱扎·杜利特尔（Eliza Doolittle）解释说：

“你看，离开了人们能辨认出的东西，比如服饰和讲话礼仪，淑女和卖花女之间的差别就不是看她举止如何，而是看她被如何对待了。

EFFECTIVE LEADERSHIP

对于希金斯教授（Professor Higgins），我始终是一个卖花女，因为他总是待我像一个卖花女，将来也是如此，但我知道对你来说，我可以是一位淑女，因为你总是待我像一位淑女，将来也是如此。”

皮格马利翁是希腊神话中的一位雕塑家，他雕刻了一座美女雕像，这座雕像后来被赋予了生命。萧伯纳的剧本《皮格马利翁》是音乐剧《窈窕淑女》的原作，该剧有一个多少与此类似的主题，本质是说一个人借助其自身的努力和愿望，可以转变成另一个人。而在管理中，许多高管在培养有能力的下属和激励他们的表现方面，都扮演着皮格马利翁式的角色。他们成功的秘诀是什么？他们与那些未能培养出一流下属的管理者有什么不同呢？

认为人本质上可以自我激励的另一表述出现在另一个美国人弗雷德里克·赫茨伯格（Frederick Herzberg）的作品中。他在业界中更多地研究马斯洛。赫茨伯格的成就可以帮助我们理解领导力。

20世纪50年代中期，赫茨伯格和同事采访了匹兹堡的203名工程师和会计，试图找出为何职业生涯中一些事情让他们十分满意，但另一些却让他们极为不满。赫茨伯格把原因分为两类，“激励因素”和“保健因素”。

关于保健因素，他列出了公司政策和行政、监管、人际关系、工资、地位、工作稳定性、个人生活和工作环境。这些因素如果出现问题，就会引起不适。但如果你给人们提供了更多的保健因素，你只会降低他们的不满，或者让他们感受到短暂的满足。

赫茨伯格的“双因素理论”引起了很多争议。这样的二元解释还有非黑即白、非此即彼。同很多二元解释一样，它看起来很简单，但实际上没考虑许多更加复杂的真相。

赫茨伯格的双因素理论	
在工作中激励和满足人们的并不来自让人们失去动力且十分不满的因素。有两个独立的因素在起作用。如下的列表描述了赫茨伯格发现的激励因素	
因　素	**定　义**
成　就	圆满完成一件事的感觉；完成了一份工作；解决了一个问题；成功销售产品。成就感与挑战难度成正比
认　可	承认别人的贡献；公司和同事感谢他的工作；奖励优秀
工作兴趣	工作内在的吸引力；内容多样而不重复；工作有意思，不单调无趣
责　任	被允许在工作中审慎思考；感觉被公司信任；有权做决定；为别人的工作负责
晋　升	地位或工作晋升，或者有晋升的前景

比如说金钱，这不能只当作是一个保健因素：它在一些领域里可以算作是认可的一种必要的有形表达。但是，赫茨伯格对工作满意度提升运动产生了深刻的影响，这项运动实际运用了更广义上的个人需求。

虽然赫茨伯格把“监管”纳入保健因素，即无法满足或出现差错会导致极大不满的因素，但这点上显然他错了。他没有采用领导力这个词，但这个词绝非只是某人工作内容的一部分，在很多情况下，这就是工作的全部。你只需看一眼清单，就可以明白领导在“激励因素”上作用巨大。

对半法则和八项激励原则

我的结论是：马斯洛、赫茨伯格和该学派关于激励的内容，只对了一半。我们收到的激励一半是我们在应对内部需求机制时所产生的；另一半来自外部，尤其是我们在职业生涯中经历的领导力。

这个对半法则在数学上不一定准确，但却显示了内外因素间的此消彼长。根据这个法则，我给想激励他人的领导者提出八项原则，分述如下。

自身有干劲

作为领导，你需要活力四射。湿火柴点不着火！没有什么比活力更有感染力。再好的计划没了活力也无法实现。贝都因俗话说得好："内心体现出的能量比手上的力量更为强大。"

选拔极有干劲的人

失去干劲的人，想再激励起来就很难了。所以，提前选拔一些能随时保持干劲，并能激发自身潜力的人就显得尤为重要了。正如奥利弗·克伦威尔曾经所说："派给我那些斗志高昂的首领吧，他们明白自己的奋斗目标，也喜欢所了解的事业。"打造团队，不要从那些谈得天花乱坠的人开始，而要从那些对工作体现出热情，又愿意不断付诸行动的人开始。

把每个人当人看

理论和原则适用于人的共性。如果这些理论原理能对某个特定的人起作用，你不仔细观察他们，和他们交流，就永远不知道背后的机理。你会了解激励他们的因素，也会知道激励的类型在他们一生中是如何变化的。希腊剧作家米南德（Menander）曾经说过："'了解自己'是一件好事，但并不适用于所有场合。在很多情况，'了解他人'更好。"作为领导者，你要尽量了解他人。好的牧羊人能叫出山羊的名字。约翰·斯坦贝克（ John Steinbeck）这么说过："没人真正了解他人。最好的情况就是假设别人都像你一样。"

设定切合实际又富有挑战的目标

最优秀的人喜欢被施压，他们乐于接受行得通的有挑战的任务。别让他们的生活太轻松！幸运的是，事业能带来诸多挑战，足以让他们时刻准备着了。没有劳作、问题、困难和挣扎，就不会有成就感。你的领导能力就在于设定和批准目标，这些目标可以实现任务、发展团队和成员。

记住工作进展有激励作用

我们都需要正面反馈，了解我们在正确的方向上不断前进，因为这会鼓励我们面临困难时要坚持住。“只要能前行，我愿意全力以赴。”戴维·利文斯通（David Livingstone）这样说过。如果你作为领导者可以向团队和个人反馈工作有进展，最终这会让人们更有信心在这条成功之路上不断向前。

创造激励的氛围

领导力需要群体的每一份创造力，这同画家、雕塑家和作曲家所需要的艺术灵感同样重要且难得。提升团队协作就是一项创造性的活动。机构里的所有领导者要通力协作，确保工作场所有趣、令人激动、富有挑战。记住对半法则：大约一半的激励来自外部，尤其是我们周边的人。他们的执着、热情和富有创意的大脑可以唤醒我们心中沉睡的力量。作为领导者，你的职责就是创造学习和激励的氛围。

给予应得的奖励

人人都渴望公平，但想要确保多劳多得，劳有所得，并非易事。不过，重要的是要记住，奖励不公会打击大多数人的积极性，这点赫茨伯格说得没错。作为通用原则，财务奖励应该与贡献的相对价值相匹配，这也是依据市场对于特定工作的评估确定的。

表示认同

金钱顶多只能算是对工作价值的粗略衡量。明星的价值真的就比脑科医生高1000多倍吗？不论团队和机构成员对总任务的贡献度、相关度如何，优秀的领导者要敏锐地认同他们。你要遵守的原则是“该表扬时就表扬”。当人们的工作得到了重视，他们一直有动力坚持下来，并把它做好。

激励与启发

采用了上面的八项原则，你就会变得奋发有为。往日，老板们常用财务激励或恐吓手段来鼓动人们，别无他法，而你已经超越他们了。你会给别人传授你的意志。圣文森特勋爵上将（Admiral Lord St Vincent）曾经在给年轻的尼尔森船长的信中写道：“我们这行里，我从未见过你这样的年轻人，能够把自己的意志传递给别人，启发他们和你采取一样的行动。所有人都同意，你就是独一无二的尼尔森。”多年来，真正的领导者有着同样的能力，即激发他人乐于工作。

鼓舞人心的领导

色诺芬由自己的经验得知如何在战争中鼓舞士兵，但他也是第一个学习领导力的伟人。下面是他对鼓舞人心的军事领袖的综合描述。

“一些将领不强制的话，他们的军人就不愿工作冒险，不愿服从命令，甚至还对抵抗长官自鸣得意。没错，就是这些长官使得士兵在发生不光彩的事时也毫无羞耻感。”

对比一下，让有着天生领导才能、勇气可嘉、手腕非凡的将军带领同样的军队，或者随便其他军队。他会对军队产生什么影响呢？士兵们羞于做不光彩的事儿，认为最好服从命令。到要工作的时候，他们所有人一起，乐于服从，高兴地操练。

正是由于每个列兵都喜爱工作，所以整个军队受优秀领导者的影响，也会热爱工作，有志于在领导的眼中让自己凸显出来。如果这是一个将军行伍间的风气，那么他就是个优秀的领导。

领导力不仅仅只是用上最好的碗和标枪，不是骑最好的马，危险当头冲锋陷阵，也不是对战术了如指掌。而是能让士兵感觉自己愿意跟随将军赴汤蹈火。

同样，在私企也是一样，有权势的董事或经理中谁能让工人热切、勤劳和坚韧，谁就能让自己的企业盈利。

在战舰上，出发到公海时，水手们就要整天忙碌，抵达港口，一些舵手长官做法很好，激发海员的斗志，让他们心甘情愿地工作。还有一些舵手长官比较缺乏这项能力，同样的航程他们要花两倍的时间。好的一方上岸时大汗淋漓，船长和舵手相互鼓励；差的一方抵达时，皮肤干燥，船长和舵手互相仇恨。

优秀的领导者会激励整个团队，甚至古希腊河道间掌舵的最底层公民也会被打动，才会成为一个乐于工作、活力四射的团队。但是领导者是如何做到的，却一直不为外人所知。然而，这件事儿既然别人可以做成，那么你也可以。当人们真正被打动，物质奖励就不再重要，也不再害怕惩罚。俄罗斯俗话说得好：“乖驯的马匹不用鞭打。”

小结

人类内心深处的需求和价值观是动机的来源。需求有了意识，就成了欲望。领导者有时候可以推动需求变成欲望的过程。

给团队每个人满足这些需要提供更为合适的机会，这可能是领导任务中最艰难、最具挑战性也是最有收获感的一项。

人们实际上都在自我激励，但我们也会对别人的鼓励采取积极回应。鼓励就是给予希望、信心和意志，有时候还要主动给予帮助。

我们受到的激励一半来自内心，一半来自外在，尤其来自好的领导者。所以，作为领导者，为确保自己发挥好了另外一半的作用，要遵守以下原则：

◎ 自身有干劲。

◎ 选拔极有干劲的人。

◎ 把每个人当人看。

◎ 设定切合实际却又富有挑战的目标。

◎ 记住反馈进度有激励作用。

◎ 创造激励的氛围。

◎ 给予应得的奖励。

◎ 表示认同。

作为领导者，你要做好准备支持、调节、鼓励自己一天中接触到的团队和个人。祖鲁语中有个词“营火者”（abakhwezeli），说的就是维持火星的人。这是领导激励职能一个不错的定义。

故近者不隐其能，远者不疾其劳……夫是之谓人师，是王者之法也。

——荀子

清单练习：激励团队

	是	否
你已经和每一位下属就他们的主要目标、持续责任以及表现标准达成了一致，以使你们都能对成就加以认同吗？	□	□
你能认可团队中每一个成员的贡献，并鼓励其他成员效仿吗？	□	□
如果取得成功，你能肯定它并以此为基础继续努力吗？遇到挫折，你能从中找出优点，并为改进今后的表现给出建设性指导吗？	□	□
你会更多地委托下属吗？你对于决策能提供更多的判断力，并对小团队或个人承担更多的责任吗？	□	□
你会对同你一起工作的人表现出信任，还是用多余的控制来限制对方？	□	□
有足够的培训和必要的再培训机会吗？	□	□
你鼓励每个人最大限度地发展自身能力吗？	□	□
对于每个人的总体表现，是不是定期面对面讨论回顾呢？	□	□
团队中个人的报酬与贡献相称吗？	□	□
你安排充足的时间来谈话和倾听，以便获悉每个人需求和愿望的独特和变化情形，以便顺应而非逆着他们的性子吗？	□	□
你是否利用在组织内升职的前景鼓励有能力的人，或者可能性不大的话，同他们协商，另外寻找符合其业绩的岗位？	□	□

你能想起一位放权（a）比你更有效和（b）不如你有效的经理名字吗？每种结果如何？

a）____

b）____

12

组织能力

商业之巅多种多样，如同山顶一样，它们大同小异，差别主要在山峰以下：基本的原则一样，只是低层有着丰富的细节，彼此互异。想要知道山顶相似，就要游历其中。住在山顶的人会认为自己的山峰与别人的完全不同。

——白芝浩（Walter Bagehot）

一些领导者的组织能力极其薄弱，当在组织里被不当晋升到“力不能及”的岗位时，尤为明显。同样，也有一些领导者有组织能力，但在其他职能上有所欠缺。假设你有潜力成为优秀的组织者，也有组织的任职经历，那么本章的目的就是强化你的技能。

组织能力就是将事物连接成一个连贯、能发挥作用的整体。它可以指系统规划，但这一点我们已经提及。这里的“组织”更多指的是人们一同工作，每个部分发挥自己作用时，需要做的结构安排。这本质上是捋顺整体和部分的关系，可能更体现了混乱时补偏救弊的职业冲动。秩序是社会背后的价值，就像自由是个人背后的价值一样。任何团体或组织里，秩序和自由都要实现平衡。

组织团队

想要有所收获，就要将组织结构化，团队庞大、任务复杂时尤其需要。这些结构可能是临时的，只适用于演练期间，也可能是永久的。

如果讨论的团队永久存在，人员进进出出，这样的团队最好是更大组织的组成部分。在这种情况下，整个机构或者你的前任领导可能已经给下面的小组分配了领导者。你可能想维持已有的结构，或者做些调整。这个层次上，组织的本质就是打破团队结构，化大为小，任命对自己负责的领导者。

这会建立另一套沟通体制。第一套体制的方法是你亲自劝阻沟通，倾听团队所说内容，这是一种面对面的双向沟通。沟通内容包括意图、政策、进度和人事。这种方法的优势在于你通过第三方甚至更多方给他人传递消息时，不会出现沟通不畅的情况。但是，这很耗时。这些沟通工作，多多少少可以委任部分给小领导。训练有素的小领导不仅会准确地传达解释这些信息，也会清晰准确地向你汇报自己小组内的反映、建设性想法和建议，比如说：

◎ 更有效完成任务的方法。

◎ 提升团队合作的途径。

◎ 个人做出最大贡献的方法。

这种结构不仅能给你另一套沟通体系，也能让你在决策和寻找问题解决策略时，有另一个选择。现在，你想要解决问题或者寻求行动路线或解决方案，可以不和整个团队交流，而和领导者的小圈子沟通。在决策时，两种方法分别何时采用，重要的是根据情势、团队规模和特点以及决策类型伺机而变。

如果你的团队很大，20多人，分成小组、通过任命或者小组成员选举出对你负责的领导者很重要，否则本书中提到的个人需求就无法满足。你可能想要每个小领导都可以让成员参与任务，采用团队法，尽可能地启发、鼓励和管控个人。下面的小组自己完成这些职能越多，上面的监管越少，情况越好。但矛盾的是，这需要你和小领导的有力领导。

组织组织

“组织组织”可能看起来毫无意义。毕竟，就定义而言，组织就是组织，是职能的结果。组织是完备的不可改变的成品。当然，实际上并非如此，但我们总是如此假设。

实际上，组织有时是他人组织活动的产物。现在，它更可能是一个专门从事组织工作的小组。

一些古老、受人尊敬的机构，比如教会和军队，它们的结构延续了多个世纪，有修修补补，但本质没变。它们经受了时间的考验，这也表明它们结构完好，但人们不能视之为理所当然。不论你工作的组织结构是一位领导、一个小组或是沿袭传统的产物，你都不应该认为这个结构已经完备或者没有出现大的失误，就完美无缺了。

正是因为组织工作是人做的，人总会犯错。比如说，他们可能根据头脑中某个长久意图的特定解释，或者某种给定的技术，或者是机构成员的教育或培训水平，来进行组织。这种情势因素是不断变化的，所以作为组织领导，你要从各个角度审视组织职能。

假设组织没有像混凝土一样坚不可摧，但却有机发展，就是说会根据情况成长、发展或者萎缩，你的组织能力就会一直起作用，微调做事的方式方法。建议时不时地就组织结构进行调查。

你不想频繁变动基层结构，因为组织同人一样，没有组织可以一下子变得面目全非。如果组织进行了大变，改革错了，接下来的五年，你就要忍受后果，如果组织规模很大的话，时间可能更长。所以，变化得当十分重要。

如果你用三环模型当作指南的话，你可以毫不费劲地进行结构调查，当你组织了一个有代表性的小组配合你时，这一调查工作尤其轻松。重点是你问问题要问到重点。下面的图表和表格给出了一些建议：

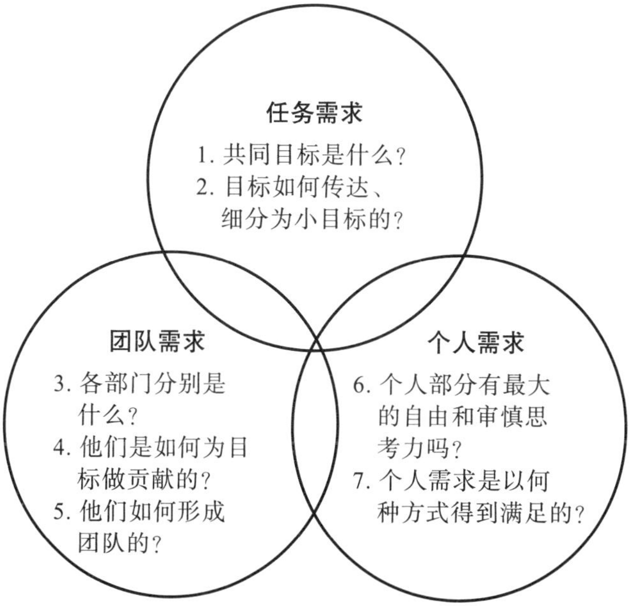

结构调查示意图

无论是自上而下，还是自下而上，重要的是要系统安排。你要发现这一板块当前是如何合而为一的。此外，收集整理先逆构法，了解通力合作更佳的结构和方法应当是什么样子。

调查所在组织	
问　题	说　明
1. 共同目标是什么?	除了研究目的陈述，看看组织实际做了什么。时间和财力是怎么消耗掉的?
2. 目标是如何传达、细分为小目标的?	这会让你进入任何机构的沟通、决策过程和重要领域
3. 各部门分别是什么?	找出主要的分组和下面的小组。他们往往会根据生产线（或运营）和员工（或职能）划分，比如会有财务和销售。有多少级领导?
4. 他们是如何为目标做贡献的?	如果员工没有重大贡献，就不应该待在那个职位上
5. 他们是如何形成团队的?	不同部门间是否存在争斗，或者他们是否合作愉快？他们双边的沟通如何?
6. 个人部分有最大的自由和审慎思考力吗?	决策是不是尽可能地深入到基层，还是说极度集中？主要部门有足够的自由发挥自己的主观能动性和创造性吗?
7. 个人需求是以何种方式得到满足的?	这会让你了解薪酬、个人政策和与工会的关系
8. 这些圆环覆盖够吗?	你很快会发现，这三环在雇员脑中的重叠度如何。三环的重叠足以在困难面前，保证团队高涨的士气吗?
9. 三环之间的矛盾如何解决?	这会让你深入了解协商制度、纪律流程还有争端解决方法

你要从最底层寻找答案，让员工回答“这个行业里，最基层的团队多小合适”。一个好的指导原则就是：一个人能主管多少人，就需要照顾到上表里的多少因素。

足球和板球队有11人。不论任务从技术层面来看多简单，一个团队领导的控制面应当最好不要超过10至12人。这个指的是任何领导者直接负责的人数，因此也是他们团队的成员数。

机构中存在一种倾向，越高的层级里，向更高一层汇报的人更少。公司中层的人意识到他们没有发挥出最好作用的原因是上级往往做了他

从顶端开始

《圣经》中，叶忒罗是摩西的岳父。他可以看作是所有管理顾问的保护神！在以色列的十二个部落离开埃及后，他给了摩西一些有关责任结构的不错建议。一天，当以色列部落还在沙漠中时，他看到摩西与围绕在他周围的人从早坐到晚，劝说他们，解决分歧。

叶忒罗说：“这不是最好的方法。你只会让自己和在场的所有人筋疲力尽。这项任务对你来说太重，你不能都自己做，听我说。”

叶忒罗告诉摩西他必须要分清主次，先做非他不可的工作，也就是发挥他先知作用的工作。他怎么能找到时间做这一点呢？

叶忒罗说：“你首先要在所有人中，找到能力出众、敬畏上帝的人，他们为人诚实清廉。任命他们当人们的领导，先管理一千人，再细化为一百人，再到五十人，再到十人。他们会成为人们的永久法庭，简单的事情自己解决，只把难题留给你。这样，你的负担就能减轻，而且他们也会和你分担。你这么做的话，上帝也会给你力量，你就可以进行下去。此外，全部的人眼下都会重获和平与和谐。”

摩西是位谦逊的领导，重视接受批评和建设性的提议。我们知道，他照做了叶忒罗的建议。

们的工作。这部分是因为每一级都没有足够的人负责。你可能注意到，在上面方框的故事中，叶忒罗将100人分为两组，每组50人。如此一来，团队负责领导者只对接两个下级，不会太多。我想，这就是最后"摩西送岳父返乡，自己管理国度"的原因。

如果只有两个人向你汇报，这完全可行，但前提是你要努力承担他们的工作。但你要是有7到8个人向你汇报，这个结构就会鼓励领导者要么委托下属，要么累垮自己。就经验而谈，领导者应努力构建一个工作结构，每组5到15人之间。这样的政策会确保你不会出现常见的问题，即把管理层或者领导层的结构建得太多。正如阿尔伯特·爱因斯坦所说："万事万物都要尽量简单，但不要过分简单。"

组织结构是机构的骨骼。它应当在实现目标上起到作用，这样才能给肌肉力量，支撑有力的沟通体系。每一级都要简单。最终，只要它的细胞和器官足够自由灵活，可以在收到紧急任务时重新组织，应对环境快速变化时的挑战，组织结构就能发挥作用。

医院的存在是为了治好病人，无论在那儿工作的员工目标是什么。每个机构的存在和从事的事情背后都有真相，但使其清晰明了，往往需要大费脑力。在社会、科技和经济快速变化的情况下，尤其如此。这就需要实现意图的方法和手段做出调整。有时，这会质问组织的根本意图是什么。

接下来，如果你不能给出意图和组织的愿景，你就不能评估当前的结构，开始有意义地组织发展工作。重组机构以便在现在和将来更有效地实现意图，这往往需要很大的勇气、决定和意志。组织往往不愿改变。他们喜欢活在过去，更喜欢近来。团队凝聚力，就是风雨同舟的精神，是个有力的需求。它可以成就领导者，也可以毁掉领导者。没有机构可以一下子巨变。作为一把手的领导者需要有政治意识，以最小的幅度做出必要的变化。如果这个问题解决不好，你就算不上领导者了。

优秀的领导者善于放权

通过摩西的案例，我们可以清晰地看到放权和组织紧密相连。叶忒罗建议摩西放权，就是说要建立组织。放权就是要给下属自由和权力，自己主动解决问题，有信心可以圆满地完成工作。但这不能和弃权混为一谈。

◎ 放权：告诉下属需要的结果，给他们权力，你会说："按你的方式来做，需要帮助可以提。"

◎ 弃权：放弃工作的责任，你会说"你想怎么做就怎么做，做错了别来求助。"

有时，人们认为个人或机构可以随意地下放更多权力。但想要放权起作用的话，就要选对员工并加以训练。想要放权的话，机构需要在选拔时采用特定的政策、培训、绩效评估和职业规划。

记住，你要想委托相关人员完成工作，就要同时信任他们。下属自己解决不了问题的时候，抽空帮助他们解决问题或讨论进展情况。安心待在自己的座位上，不要干预下属！承认现实，工作一定会完成，只是完成的方式可能与你所想的不同。这样有效的放权有两个目的：一方面，让你能抽出手来，建设性地开始更大的项目；另一方面也是发展和培养下属必要的手段。确保下属知道需要的结果，让他们为自己的表现负责。

调整个人工作

你的组织能力和技术的一个可能对象就是个人正在做的工作。他们是否本不该枯燥、乏味和单调？这里咨询相关人士十分有必要，因为个人需要的情况就像指纹一样独特。对你来说，看起来重复的内容却可能让别人安心。能力千差万别，一份看起来枯燥普通的工作可能对正在从事的特定个人看起来很有趣。对我们来说，一百只羊看起来一样，但对称职的牧羊人来说，它们都是有差异的个体。

组织自己的工作

你有没有能力履行好组织职能，在你的生活中就有迹可循。一个很好的指标就是你是否擅长安排自己的时间。对领导者来说，有时间思考现状和将来很重要。这就意味着首先重视了时间的价值以及节俭使用时间。拿破仑曾经说过："你可以向我要任何东西，除了时间。"他知道自己和其他人一样，一天只有24小时，但他的时间利用率更高。

培养时间管理意识和方法的一个途径就是写日记，细致入微地记下你是怎么花费时间的。这往往反映出花在领导力和沟通等重要活动的时间相对较少，更别提思考决策和问题了。人们早上过来坐坐、谈谈话、喝杯咖啡，还有自己不加区分地留意发来的邮件，这些会占据你大半的时间。一天结束，你回到家里，感觉自己什么都没做，内心愧疚难当。

EFFECTIVE LEADERSHIP

挤时间思考

给领导者提什么建议呢？领导者一定要自律，生活规律有条理。领导必须留出一定时间，安静思考反思；最好是在清晨和夜晚。这种做法，不论做得好坏，效果都依花在思考上的时间而变。当然，他也不能太死板，他的决策和规划必须要视情况而变。一定程度上的无情很重要，尤其对效率低下和浪费时间的人要无情些。如果领导对自己都很无情，人们就会接受这一点。

绝大多数领导者会发现要做的事很多，做事的时间却很少；这是我在军事领域的经验。对此，我的答复是不要担心，需要的是静静思考问题的方方面面，再做决定，事后忧虑很要命。

——蒙哥马利勋爵元帅

以下实用的建议摘自本人著作《有效时间管理》（*Effective Time Management*），可以帮助你充分利用工作时间。每个月对照下面列出的十点，规划接下来六个月的安排。

1. 培养个人时间感。

别指望记忆，或者认为你知道时间去哪儿了。每一两周记录一下，能够更加意识到自己时间的价值，下定决心好好利用。

2. 找出长期目标和对策。

你越清楚长期目标，你越会发现容易分清主次。对策是你对原则采取的一些决策：它们会帮助你做出每日决策，不用为此耗费大笔时间。

3. 制定中期规划。

你要能流畅地把意图转化为目的，再转化为目标（参见第六章）。

根据机会、想要的结果、重点工作、截止日期，规划工作，完成目的和目标。

4. 规划每一天。

每天列出自己想做的事项。分清主次，排个序标记出来。学会拒绝，不然你只会被他人的重要事项所奴役。

5. 充分利用时间。

你的最佳时间就是你工作效果最好的时候。可能的话，用它处理重要任务。安排一些安静时段进行创意性思考。

6. 组织你的行政工作。

规划好体系用来处理文案工作，接收电子邮件，打电话，这样你就不会把自己的一天打散。让行政工作服务于你而不是掌控你。

7. 管理会议。

仔细制定日程，给每一项活动安排好时间。准时开始，准时结束。使用你的领导技能，让会议在愉快的氛围中正式完成。

8. 有效放权。

可以的话，尽量下放自己的行政责任。这么做的原因是要让自己脱身，从而实现自己职位所需要的领导力。

9. 利用专有时间。

专有时间是分给特定目的的时间，比如旅游时间。利用等待时间或者旅游时间思考、规划、阅读和打电话。

10. 管理好身体。

时间管理主要关于时间质量，而非时间数量。根据常识，合理安排作息、影视、锻炼和休假。在工作和私人生活中实现平衡，让这种平衡服务你，免受压力的毒害。

小结

组织就是把部分按照工作次序加以安排的职能。“结构是实现机构目标的手段。”彼得·德鲁克这样写道。这只不过是三环模型的又一应用。

在团队层次，为了实现目标，你可能要建立更小的小组。但在组织层次，这个原则可能意味着进行结构调整，应对任务、科技和环境上的变化。本章提供了在自己所在组织进行调查的指南。当然，促成结果需要很强大的领导力。

想要成为领导有方的领导者，你就要能够组织好自己的工作。你要尤其擅长管理时间，因为它是你最有价值的资源。“浪费的时间充其量只是生存，利用的时间才算生活。”诗人爱德华·杨写道。所以，你所拥有的只有时间，即便你一无所有，你还有时间。时常让自己想起来，这很有意义。

忙忙碌碌无用。问题是：你在忙碌什么？

——亨利·梭罗（Henry Thoreau）

清单练习：组织能力		
三环模型有三个领域。组织能力是满足全部领域的重要职能。根据如下领域，考核自己的组织能力。		
	是	**否**
团　队		
团队的规模合适吗？一起工作的人志同道合吗？	☐	☐
需要小组精细化划分吗？	☐	☐
在采取影响团队的决策时，有机会和程序同该小组真诚地协商吗？比如，做出有关工作规划和产出、工作方法和标准、工作核定和加班的规定。	☐	☐
组　织		
你清楚组织的意图和机构部门间如何配合实现意图吗？	☐	☐
是否有有效的机构雇员体系和训练体系？有合理的解雇流程吗？	☐	☐
你会定期开展组织调查，是否了解：		
所有工作团队的规模？	☐	☐
领导层级的数量？	☐	☐
无故烦琐事宜的增长情况？	☐	☐
生产线和员工的配合情况？	☐	☐
沟通体系正常运转？	☐	☐

（续表）

自　身		
你有规划私人生活和工作生活的方法，比如如何处理个人行政，以便提升领导效果吗？	□	□
你的权力下放足够充分吗？	□	□
你能找出自己采取的用于更好管理自身时间的方法吗？ 请列出： 1. ______ 2. ______ 3. ______	□	□

13

以身作则

提灯者带路。

——日本谚语

作为领导者，你不得不以身作则，问题是你是做得好还是做得差。如果你带了个好头，人们往往意识不到，但你要是带了个坏头，他们一定会注意到，并评头论足。俄罗斯有句俗语：“坏的例子示范效应最大。”历史上早有智者对此评论。弗朗西斯·培根说过：“给建议用一只手，劝告和示范用两只手，善意劝告和当反面案例则是一只手搭台，一只手拆台。”

示范很重要，因为人们是通过眼睛而不是耳朵获得信息的。他们看到你身体力行比道听途说的要有用。基本方针是你要一直言行一致，而这两者相得益彰。两者不符的话，你一定希望人们以你的示范为榜样，而不是只听你的话。“别按我做的做，按我说的做。”真正的领导者绝对不会说出这样的话，除非人们知道他努力实现高标准，又都知道他的短处。如果你想要起到好的示范作用，即便偶尔让人们落空，人们也还会尊重你。

任务一环

“领导力”的本质意思，就字面来说，就是走在前头，带领别人。就以阿尔卑斯的导游为例。他可能用自己的肢体语言告诉游客前进的方向。当我们将其扩展到非肢体的形式时，领导者仍然是通过自己的行为给特定领域内的人们方向感。当领导者就意味着要愿意冲锋在前，接受风险，以确保自己的团队以恰当的速度在正确的方向上前进。

由此得知，如果你领先团队太多，思考太过超前，你就有割裂与团队联系的风险。但如果你太落后，你就会像1848年法国大革命中的一位政治家一样，在煽动人民的暴徒中吃力前进，还会说道：“让我过去，我不能落下，我是领导者。”

在做个人工作时，需要亲自示范到什么程度取决于领导层级。领导层级比较低时，你可能希望自己亲自带头做，或者做部分工作，完成工作。但如果你的时间无法错开，领导力中的其他职责要成为重头，主要是管控和协调职责。在军事领域，领导力的这一面更为清楚。

排长要率领排队冲锋陷阵，空军中队长不仅要指挥中队，还要驾驶自己的战斗机。但到了某个层级，军事领导就不需要亲自领兵作战了。“将军，打仗那天我就会在后方支持你”。第二次世界大战时一名热情的中士和在缅甸的斯利姆将军这么说道。“别弄错了，那天你们会在我前方。”斯利姆笑着答道。

高层领导就不会以身作则了吗？不一定。领导职业生涯的某一阶段会在基础任务上“带头在前”，这本身就是赢得各级年轻同事尊重的重要因素。这还有个实在的好处：人们会知道这样的领导者不会强求他们做不愿意做的事情，或者过去做过的事情。如果这项工作领导们不愿意做，他也不会强求他人去做。甚至处于高层的领导者，有时也只是起到示范作用。一天晚上，拿破仑发现哨兵睡着了，他就拿起了哨兵的火枪，亲自站了几个小时的岗。有时，上层领导者可以“帮一次忙”，在下属旁帮一两个小时的忙。这种姿态在下属身上会有示范效应，效果和领导职级直接挂钩。这种小道消息在大机构里起到的作用好坏参半，但好消息却可以借此广为传播。恺撒这位大将军曾与罗马军团的十名士兵并坐在桌旁，共享面包、肉食和粗酒，下午又参加了他们的军事演练，不到几周，这个消息就传遍了整个罗马军队。

不刁难他人

21岁时我在霍尔渔船上当水手。管理水手的大副是个高大威猛的大汉，不久前他还是个船长，但却因为自己的能力不足，丢了这个职位。

一天下午，冰岛附近刮起了暴风雪，他让手下的一个水手爬上桅杆，调整一盏摇摇欲坠的导航灯。“说什么也不去。”水手看着猛烈摇动的桅杆和呼啸的潮水。“你来做，比尔。”大副开始向另一个水手喊道。“我也不去。”比尔耸了耸肩说道。大副开始朝我们大喊大骂。

听到船板上的骚动声后，船长从桥上走下来。“发生了什么？”他问。大副跟他说明了情况。“你为什么不自己爬上去呢？”船长提问，两眼盯着他。一片寂静。“好的，我自己来。”船长说到做到，脱掉了自己的油布雨衣。马上，三四个水手上前自告奋勇，因为他们不想船长从船上落下，失去领航人。

谁才是真正的领导者，大副还是船长？

领导力需要激励他人的能力，人们也会被这种具有想象力的行为打动。身体力行胜千言。有时，这样一个示范行为可以让团队和组织领悟领导力的基本含义。这就像领导者在说："我想有更多时间和大家共同奋斗，有又苦又累的任务更是这样，但我还有其他职责，没法这么做。但至少，我今天下午做的事情表明我真是想这么说的。"

团队和个人环节

设立、保持和改变团队标准时，树立榜样极为重要。无论你要求团队做什么，你必须准备好自己来做。守时是最明显的例子。如果你想要团队的每个成员工作上互相帮助，你自身做到了就能够最好地传达这个概念。人类关系的典范就是倾听、尊重、沟通和关怀，这些都能通过以身作则传达出去。

耶稣想给信徒们传递一个想法，即作为领导者，要准备好满足人们的需求。他没有就社会心理学发表长篇大论。相反，他拿了一个碗、一罐水和一条毛巾，蹲下来，洗净他们满是尘土的双脚。通过做家中低微奴仆的工作，他也教授了信徒领导们需要谦逊。如今一些领导者飞扬跋扈，与此形成了鲜明对比。

莎士比亚在《亨利四世》中写道："毫无疑问，就像生病一样，举止明智和行事无知都引人注意，所以，人们要关注同伴。"榜样的力量会传播，这种行为会让人模仿。孩子们天生会模仿，这就是他们学习的方式。成年人也有这个特点。在创造目标清晰、整齐团结、通力合作的恰当氛围时，领导者的做法至关重要。

"你提到正直是一个重要的品质。你能说明一下这个品质在行业里如何传播开吗？”一位经理在斯利姆元帅给经理和领导举行的大型会议上问道。“可以，身体力行即可。”元帅这么回答。

优秀的例子都有创造力，有自我牺牲的例子更是如此。这可以改变人们工作的思维方式。这个过程可能会花时间，但言出必行的领导者就会无懈可击。没人会指责他虚伪，也不会说他说一套做一套。

这就是让纳尔逊·曼德拉这位领导精神品质出众的原因：他感受到了人们的危险、困难和苦难。多年来，他被囚禁在罗本岛（Robben Island），这可能已经让他远离南非大陆了，但实际上却让他以自身为例，提升了自己的地位。这让他有更强大的力量去激励别人，甚至是抓捕他的人。

可以发现，身体力行的原则比较具有挑战性，因为这不仅关系到你所做之事，还有你的身份以及你选择的生活方式。这会提醒你，领导力绝对不是你可以抛开自己的人生而单独对待的事情。达格·哈马舍尔德（Dag Hammarskjöld）在联合国秘书长的职位上一直干到了1961年。一天晚上，他在写给自己的日记中写道：“你的职位从来没给你下命令的权力。这个职位只让你担负了责任，你这样生活，别人接到你的命令时，才不会感到自己低人一等。”写完这句话不久，哈马舍尔德就在空难中遇难。当时，他正去往非洲中部的混乱区，给人们带去和平。

小结

“领导力就要示范。”我在桑德赫斯特学校时，一位参加了两周操练的军校生在他的观察报告中这么写道。我经常反思他的话。在我看来，真正的领导心中都有这个准则，因而从某种方式上来说，他们也会示范：

他们会身体力行，再要求别人做到这点。这把他们和空谈者区分开来。他们冲锋在前，和人们共享成果，但却不要求特权或特例。他们融入人群中，地位不比他人高，是人们的公仆而不是主人。

示范和任务一环相关，因为领导者一词的本意就有“领头引导”的含义，这点很清楚。只有你自己愿意做了，你才能领导。无法事必躬亲，就以身作则，比如努力工作，事无巨细，耳听八方。以身作则有助于培育团队，因为你可以通过自身清楚地表明，你致力追寻、维护或者改变的团队标准。了解你的人或者远观你的人也会大受鼓舞，效仿你。

你可能需要用创意的灵感来应用这个原则，但要想使用这些原则，就要致力成为优秀的领导者。这就需要你克己奉公，如此才可以理解员工的危险和疾苦，你越是这样，效果越好。这只会让你一呼百应。

领导就是服务。

——英国特许管理学院座右铭

清单练习：身体力行

以下哪个表述于你最适用？

人们往往评论你在工作中树立的好例子。 □

在工作中，你一般都是“己所不欲，勿施于人”。 □

你没有真正意识到示范的重要性，也不能说自己起到了什么示范作用。 □

上个月，你有在什么场合专门准备通过身体力行进行领导吗？

你的行为对团队和个人有什么样的效果？

	是	否
a）立竿见影	□	□
b）几天后见效	□	□

在团队团结一环里，你通过更好的个人示范，帮助解决了什么特定问题？

1. ______
2. ______

如果你是高层领导者或者评价其他领导者，你在过去三个月中，和别人提到过身体力行在领导力中的重要作用吗？

是	否
□	□

集思广益，看看能否设计出三个更有创意的新方法，使得你和组织的高层领导者都可以起到示范作用。这必须是你之前没有试过的方法。

1. ______
2. ______
3. ______

对于寻求你领导的人，你分担过他们的风险、劳动和艰辛吗？

______

______

◀ 第三部分 ▶

领导者的成长

和一些人所想不同，没有所谓的“速成领导力”。领导力不是你在课上可以学来的一系列行为和技巧。第二部分谈到的八大职责和技能需要长时间培养。他们需要你的品质、你的知识还有你力所能及的事情。所以，成长为一名领导者的途径需要领导力的品质、知识和技能。长期成长需要什么条件？这些条件有你自身的，也有你所在机构的。双方的任何一方都是下面这一部分的主题。

读完并思考第三部分，认真仔细地完成其中的清单练习。完成后，你应该能：

◉ 理解人尽其用、全面发展所需要的必备条件。

◉ 在纸上草拟出今后五年的领导力发展项目。

◉ 找出提升自身领导力的五点短期行动要点。

14

你的公司培养领导者吗？

如果你是董事会的主要负责人或成员，那么本章节就是为你量身定做的，因为发展组织现在和将来需要的领导层，就是你的责任。如果你是人事总监或者相似人员，你会在本章找到你需要制订计划的基础。

如果你还达不到这些高度，你也应该读这一章，只有这样才能估计你的机构在面对领导力培养的挑战时，能走多远，因为你的发展只有部分取决于你提升自我的能力和意愿。看对时机和形势同样重要。就像植物需要光、土壤和水分一样，你也需要机构里的特定条件。一位著名的运动教练曾说："冠军种植在冬季，打理在春季，盛开在夏季。"培养领导亦是如此。

那么，为了让机构成为实用领导丰富资源的源泉，什么才是你在机构里需要创造的条件呢？本章列举了十个条件和原则。

领导力培养战略

真正想在领域内有所建树的组织需要在董事会层面或类似层面上制定领导力培养战略。

战略制定完成后，董事会要确保：

◎ 进行简报：让在组织工作的大多数人了解这个策略。

◎ 进行评估：实施过程中，定期检查进展。

◎ 进行规划：有了新想法和进展的话，随时更新战略：战略的元素有哪些？思考战略规划人需要应用哪些原则？

选拔过程

所有的组织都有选拔未来领导者的方法。面试、结合书面申请表、简历和推荐信仍然是主要的方法。这些传统方法往往会配上一些评估方法，源自第二次世界大战中发展出来的团队法和领导力测试法（见第五章），且还有更多的实验空间。

但是，这样的选拔过程的确可以找出有潜力的年轻人，他们能带领团队完成共同任务，建设和维系团队，满足个人需求。这个过程应当结合工作情况，评估他们的性格（包括他们的脾性）、资质和兴趣，比如说任务的一般特性，需要在何种情况下完成任务。

应该使用心理测试吗？从领导力的角度来看，使用心理测试的危险在于这些测试可以有效地选拔合适的人担任相应的职位，但组织里需要有创意的人，也需要变化，这种匹配就被忽视了。

最近，一个大型公司集团邀请我参加他们的人事经理年会。待在一起的这些天，我被他们的自满所惊讶。他们内部所称的“人事制度”已经取得了一定的成就。福利待遇很好，但是无意培养领导力。他们似乎已经对冷面的高层管理无动于衷了。他们没有人会创造性地思考或创新。早些时候，我应聘去那里工作时，经历了他们的选人方法。心理测试人员会对应聘者进行整整两天的测试。当然，这些测试能让他们选出合群的人，以满足现在的工作要求，确保队伍不离心。但我现在在想，这个过程是不是把有创造性的人都淘汰掉了。所以，现在问题的根源在几十年前就已经种下。

实际上，组织在从相对年轻没有经验的候选者中选拔经理时，很难能够预测到谁会在领导层里有所作为。伯乐遇到千里马，会本能地感觉出来。这些应聘者往往看起来不太适合现有工作，因为他们只有升到高层，或者是在将来某种机构领导者都未曾预料到的情况下，他们才能发挥作用。

今日招聘的年轻人可能今后就要带领组织，但这在很大程度上还是未知领域。那就想一想，今后数十年里他们不得不面对和处理的变革时刻吧。想一想，最终升任组织高层时他们需要的领导力吧。

选出有领导才能的人很重要。他们不一定都在领导层里大有作为，但所有的组织都需要主流的领导者。极具才华的人往往会自我选择。但是，无论程度如何，这种潜在能力，不论是个人品质还是履职能力，都要具备。巧妇难为无米之炊。

领导力训练

我认为，给一个人领导者工作但又不训练他的领导力，这种做法有违情理。但是，上百家的组织就是这样做的。这对受任的个人不合理，对他领导的下属更不合理。

迈克尔·琼斯是著名的冶金学家。他在大学实验室里刻苦学习，掌握了X光晶体学技术，他发表了大量的论文，声名大振。五十岁时，他受任斯特尔切斯特大学（Stirlchester University）材料和冶金系主任。很快，教工、技术人员和秘书们就因不满而苦恼。有人说“他根本不懂领导”。但，这是谁之过呢？迈克尔说过：“我从来没有接受领导和管理方面的培训。年纪大了，学不动新技术了。”

我们应当把领导力教育和培训贯穿于一个人职业的不同阶段。基础要先打下来，这样一个人才能胜任需要管理人事的工作，不论是在中小学、家庭还是高等教育领域里。

基于三环模型或者同样理论的领导力培训课程，应当在当事人被给予团队领导职责前后不久就安排上。这里说的“不久”，我建议前后不要超过6个月。不论安排在前在后，都各有利弊：

安排在前：

◎ 让受训者脑中有个“草图”和指导原则。

◎ 降低出现重大错误的概率。

◎ 受训者没有与智能领导力理论相关联的直接经验。

安排在后：

◎ 受训者可以将领导经验带入课程。

◎ 受训者会面临困难，这样会更有动力学习。

◎ 安排可能过晚，至少工作已经安排上了。

相关的培训课程，不论是否基于三环模型，都要实用、有互动性，“边做边学”。如果是在室内或者公司内培训的话，课程需要调整，以便最大限度地与组织的需要和特点相关联。

在运行领导层和策略领导层等更高领导层级里，领导力培训的原则也应适用。在《如何培养领导者》（*How to Grow Leaders*）一书中，我提出自己在该领域的创新。虽然领导者的一般职责的核心作用在所有层级都是一样的，但新任命的运行领导者和战略领导者在领导力项目上采用的方法却不尽相同：弱化技能训练，更加关注从领导和被领导的经验，探索和理解领导力的原则。

现在，全球组织的主要问题并不是是否给高层领导者提供了领导力培训，因为这样的项目现在已经十分普遍。现在的问题在于质量。这些全球的项目往往没有实现目标、培养和鼓励战略领导者们。

职业发展政策

有研究调查了2000名主管人员，研究显示他们成为高管的平均年龄是32岁。他们做到最高的职位时，平均年龄41岁。一路直上的过程中，这些“大有作为的人”都有在两到三个组织里就任八份不同工作的经历。这些事实背后，我们可以看到一个重要的现象：诚然，这些主管成长速度很快，但这也适用于有志成长为组织领导的人。通过这个过程，职业有计划的调整，专才也可以变成通才。

> 一家装罐公司的主管在我们的谈话中说，他调任公司的财务主管去负责营销和经销。“他很快就可以挑战我的工作，”他补充说道，“他有工作需要的能力，但是缺乏管理整个公司的经验。他意识到了那一点，我们同意走这一步以帮助他发展。”

你的职业生涯可以用沙漏或煮蛋计时器来形象表示。随着你穿过沙漏窄窄的颈口时，相比你之前精于其中的一个部分，你的知识会更丰富，对公司整体目标的体会就更深刻。但是，这个职业的变动需要领导力、沟通和决策方面的培养，在这些方面你并不是专家。

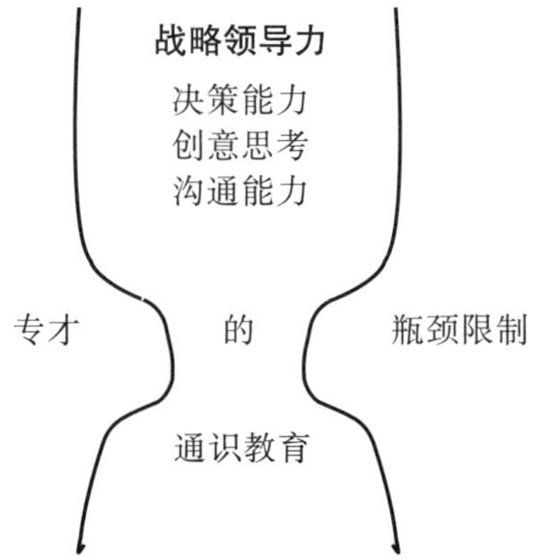

从领域专家成为商业领导

组织里“小而美”的概念已经谈论了很多。从人的角度来看，在小公司或组织工作确实有很多要谈的。比如说，沟通往往不是问题，但是规模小不止会有经济效益。规模大能给人们提供团体内部其他分部和组织培训发展的机会。奇怪的是，许多非常大的机构没有利用这个优势。他们可能会在相应职能部门内进行人事流动，比如财务部门，但却不会跨部门流动。那么，你可能会问，组织庞大有何意义呢？

如果你的组织理顺了这一点，就不会让今后的领导者在工作上停滞不前。但这并不意味着他们每年都要换岗，避免产生错误！实现目标、创造纪录都需要时间，但重点是要向前看、向上看。就是说，员工和分级管理都要通过在各个职能部门工作，拓宽知识领域。这可能包含借调以及一段期间离开组织。情势法也要同步使用，深化经理对通用领导力的理解。为避免误解，最好向相关人员解释清楚为什么建议走这一步。不然，任命管理公司在西伯利亚的诺达工厂可能看起来不像是机会，而是惩罚！

部门经理就是领导力导师

如果部门经理认真思考三环模型的话，他们就会同意：培养个人就要培养他们的领导潜力。这不仅需要派相关人员参加合适的培训课程，还要试着进行“岗上”领导力培训。需要通过找出优缺点、鼓励员工、建议员工和倾听意见形式来实现对个人的评估。年度的正式评估面试绝不只是一个安全网，种种原因已经详述。如此一来，这样的评估面试用不了十分钟。

员工接受领导力课程训练前后，都要向自己汇报的人做简报，被询问。第一次谈话就要说清楚，机构认为值得投入资金和个人时间参加领导力课程的原因。个人的培训需要和课程的目标要衔接起来。课程结束后，部门经理应当听取个人的行动要点，这样在实施阶段就可以给予必要的帮助、支持和鼓励。这可能需要改变部门和分部的组织或运行方式，这就需要对内容消化——有时甚至只需要喝口水的时间。

如果你的部门经理是有一定地位的领导者，远见卓识、身体力行，那么年轻的经理跟他一起工作，观察他，同他交谈，也会比部门经理用语言描述更能让他们受益匪浅。一个主管跟我谈话时，提到了自己早期的精神导师：“我年轻时面临危机时，他教会了我选择的智慧，尝试后就算失败也是学习；不去尝试就可能遭受巨大损失，原本可以学到的东西也没了。”

给年轻领导者寻找这样的导师意义非凡。如果一个机构可以让经理间相敬相爱，他们就更可能会互相帮助，共同成长为卓越的领导者。在这一方面，我们都在学习。

研究与培养

和其他任何领域一样，培养领导力也需要一定的技术。课本中往往充满行话。你要跟着这个领导者参与一段时间，才可能紧跟业界发展。所以，不论组织规模大小，都要有专员从事领导力的研究与培养，或者至少有其一。专员应当和部门经理或者同等级人员组成的小组保持联系，经理们也要对该学科超乎寻常地感兴趣但又能直面现实。

除了关注新想法、课程和辅助训练，这些专业应该也要负责评估课程有效度、培训兼任教练的部门经理、在战略进度方面给顶层领导提建议。这种评估是领导者一般职责中十分重要的职能，但却很少被领导公司、员工、项目的领导者大力推行。这案例就像在说："医生，生病了自己治吧。"

理顺结构

组织结构差最能打击员工积极性，阻碍领导力发展。本级别的组织职能是你作为主管最重要的职能，必须要把结构理顺。结构不会完美无缺，但一些组织确实在这方面比别人弱。你往往会面临困难的抉择。

过去5年，金德米尔医疗集团（The Kindermere Healthcare Trust）发展了32家私立医院，雇员3000人，遍布英国。集团有32名护士长，都向伦敦总医护长汇报。该集团需要区域分化，降低管控范围吗？但这么做，就意味着又增加了一级领导层。你会怎么做呢?

组织设计中，真正重要的是让领导者可以进行领导。也就是说，他们有时间和团队谈话，而不是被安排一个人独自坐在办公桌后。

组织结构本身不能保证高超的领导水平，但如果结构过时，领导层臃肿，或者领导员工一边倒的话，就会让领导工作十分困难。有时，机构会进入恶性循环。保守的经历和领导者可能会采用久经考验的架构，虽然这些架构不够灵活或会出毛病。这些构架就会长此以往，吸引没有领导力的经理，并进行培养。补救方法就是理顺结构，尽量精简。

个人发展

本书从始至终，我都假设正面临培养自身领导潜力的问题，这样才能真实、有效、富有成果。下面一章将关注这一主题，但我认为在你拿起本书之前，组织应该已经让你培养自己的领导潜力。对组织来说，应用该原则的好处就是可以和年轻领导者或者未来的领导者们产生互惠的合作关系。组织要提供机会、培训和鼓励，但成长中的领导者也要有高昂的斗志和学习的意愿。关系中，双方都要坦诚。组织尤其要尽力展现出坦诚的一面，给出真实的反馈，让新人知道自己能升到多高的领导层。他有高级领导层的特质吗?这些印象可能出错，但应当给出。

当然，这种策略的一个显著缺点就是，相关经历会把自身的领导力培养置于组织需求之前，但这个缺点经不起严格推敲。组织和相关的人员可能都会同意，往后没有好机会了，所以最好能到别处寻找。

所有的金字塔都是越往上越尖，所以好组织培养出的优秀领导者可能会远多于自己的高级岗位需求。“我们为什么要为其他公司培训领导者呢？”一个经理曾经这么问我。但是绝大多数的机构都会在某个特定时间，在某一层级引进领导者，同样他们也乐意输出。此外，通过培训一些领导者，提升了你所在领域的整体水平，这当然不是坏事。愿意给予的人，往往也会发现，不久之后他们也会收到等量的回报。

组织文化

团队或组织盛行的风气是培养领导力的又一重要因素。以天气类比，蒙哥马利说的组织的“氛围”就很清楚了。这种“天气”很大程度上受形势影响，或者至少人们这么觉得。环境里刮起寒风时，组织会感冒；甚至可能死于肺炎。但是组织气氛指的是更长期的道德体系，是一个组织内盛行的风气。从这个意义上来说，我们可以把组织当作是商业菜园里的暖房。某种程度上，公司内的员工可以自己创造氛围。在这种构造下，有很多指标可以显示气氛的要素，比如温度和湿度，这些指标可以直接读出来，组织的情况也是如此。我们想要友好温暖的氛围。这样才能带出人们最好的一面，但又不能太过安逸。换一种类比，如果船只都快触礁了，船员还在下面喝咖啡，恭敬有加，这就不是好事儿。

显然，一个组织的道德观主要是领导者设定的。他们需要不时地解释清楚指导理念和价值观。他们要塑造出时时欢乐的示范，因为任务困难也能影响欢乐。如果他们想让个人反过来关心大家共有的企业发展的话，他们可以身体力行展示一下关怀个人很重要。我认为，组织的特点和基调力有鲜明的元素，能让领导效果传递到各级。对于组织氛围条件产生的状况，详见下面的图表。

组织氛围中的领导发展因素	
状况	说明
离心	◎权力不断脱离中心，这与向心组织相对，向心组织中权力向中央靠拢大量放权是一个特征 ◎责任外流
包容错误	不犯错，就没有进步。有培训做支撑，公司有信任政策，也相信员工
前瞻	◎虽然过去有诸多成就，但自豪的组织总是面向未来 ◎它会从宗旨、目的和目标来思考
团队合作	强调融入团队工作或者团队整体工作。团队就意味着有优秀领导。所以，这些就会自然而然地受鼓动出现
更加平等	绝大多数外向的地位差别逐渐消失，普遍认为人们价值平等。那么，领导力成为促成事件更重要的因素

组织的气氛或者道德观主要是高层领导的责任，因为它的形成无法脱离组织整体的效度，不论是实现共同目标、团队通力合作还是发展个人。培养个人的领导力潜力是三环模型第三环的特例。你们组织的氛围可以培养领导力，还是扼杀领导力？你可能会想起印度的谚语：大榕树下，寸草不生[1]。

1 这句话是印度谚语。因为榕树体大，可以遮盖一亩地，树下常有鸟兽。但是由于枝叶繁茂、遮天蔽日，树下土地往往贫瘠，寸草不生。一旦榕树死亡，所在的土地也会变得一片荒凉。这就说明，领导不能只关注自己，更要培养后任领导，为公司储备人才。——译者注

主管领导

“一个城市的首领如何，人民就如何。”圣经传道书的作者这么写道。很多事情取决于顶层领导，不限于制定和推行组织的领导力培养战略。

一旦谈到组织里的领导力培养情况，这能很清楚地体现主管领导的领导力水平了。一般有三种回应：

◎“我们经理就缺领导力。快去培训他们吧。我们不需要纸上谈兵式的领导力，这不值得我们培养。”

◎“我理解你的意思。但我上了年纪，行动方式固化了，和我同龄的同事也是一样。但我们会尽全力支持你。我们什么时候开始首个项目？我参加。”

◎“领导力培养？我们十分需要。我会邀请同龄的资深同事参加第一次会议。我们会在那儿好好学习领导力。我认为这是我们公司今后五年的重大战略组成部分。”

即使主管领导专注，身体力行，但他也要劝说高层领导推动。这个任务十分困难。绝大多数的管理团队无法理解这个政策是什么意思，当然更不清楚它需要的关注度如何。但是，成为高级运营领导团队这个组织的核心导向组，是主管领导的责任。

小结

很少有组织真的准备好充分开发内部的领导力潜力。有时，这可能是因为他们很少或几乎不关注它，认为领导力要么不重要，要么可以由传统的管理培训提供。只有最好的组织，才会体现出长久以来真的关注选拔和培养商业领袖的特点。原因何在？因为这些机构从经验中得知，各层级的有效领导对公司的持久成功十分重要。

意志坚定的组织应当采用的原则大体相同，但他们的实施方法依据情况各异。这些原则如下：

◎ 最高层制定领导力发展政策。

◎ 选拔过程中重视领导力潜力。

◎ 通过设计合理的课程培训领导者。

◎ 规划职业以便安排合适的经历。

◎ 将所有部门经理变为“在岗”领导力导师。

◎ 打造该领域的专家资源。

◎ 升级组织结构，促进领导力发挥。

◎ 鼓励所有领导掌控自身发展。

◎ 保持支撑良好领导力的气氛和道德观。

◎ 顶层正面引导，身体力行。

学习天生就是一件乐事，不仅哲学家如此，所有人都如此。

——亚里士多德（Aristotle）

清单练习：你的组织培养领导者吗？		
	是	否
建设良好的人际关系，培养各级的领导力，对此你有清晰的战略吗？	□	□
选人从事管理工作时，你会根据任务、团队、个人的领导力能力，结合性格品质和特性来评价他们吗？	□	□
任命的团队领导者会给出至少两天进行领导力培训吗？ 总会 □　　有时 □　　从不 □		
有职业发展体系帮助今后的高层领导增加经历、拓宽知识吗？	□	□
无论自己效率如何，所有的部门经理都坚信他们是真正的领导力教练吗？	□	□
组织有专业的“研究与培养”团队，实时更新组织和部门经理的知识，确保了解最新情况了吗？	□	□
你的组织架构是否随着脑海中的优秀领导力理念不断优化发展？	□	□
实际和潜在的领导者们是否都意识到他们可以掌控自身发展？	□	□
你觉得组织文化和道德观还有提升空间吗？ 很大空间 □　　一些空间 □　　没有空间 □		
你们的顶层领导真的支持领导力发展吗？ 全心支持 □　　一般支持 □　　尚不支持 □		

15

领导力自我培养计划

深入探究自身；只要你在内心寻找，总有源泉会涌出。

——马可·奥勒留（Marcus Aurelius）

领导力课程的最后一课往往谈到行动要点。我们已经到了本次领导力之旅的终点。那么，在你自己的领导力课程里，你要整合记下来的各种行动要点。它们会形成你自身领导力培养项目的基石。所有的超前思考都要分清主次，你最好将个人规划分为：

◎ 短期规划：可以立刻或明年内可以实施的要点。

◎ 中期规划：需要花费3年时间完成的行动和发展。

◎ 长期规划：在4年至10年间某个日期你想达到的状态和阶段。

这种方法基于本书的原始假设，即你是自身领导力培养的主要负责人。

若你自身起初就有领导力，本书对你就没有必要了。阿尔贝特·施韦泽[1]（Albert Schweitzer）说过，“我不认为我们可以把别人心中不愿接

1　阿尔贝特·施韦泽：诺贝尔和平奖获得者，20世纪人道精神划时代伟人、一位著名学者以及人道主义者。他有哲学、医学、神学、音乐四种不同领域的才华，提出了“敬畏生命”的伦理学思想。——译者注

受的想法强加给他们。通常，每个人都有一些好的想法，就像火种一样。但这颗火种只有遇到外部的火花或火星，才能着火；也就是说，需要别人引燃它。”

照顾那堆火焰时，最好寄希望于和当前所在组织里有高度的合作关系。你要注意能否在合适的时候有合适的机会，徒有一身领导才华而无处发挥，也会令人神伤。理论和原则上教孩子骑车，人们都能做到，但总有一天，孩子们要自己骑车。当然，重点问题是，从组织和你自己的角度来看，你是不是那份工作的合适人选？你的自我认知和别人对你的认知匹配吗？你准备好抓住那个机会了吗？

对于有志于从事高级领导工作的人来说，领导职位的挑战越来越大，领导范围越来越广，这种经历至关重要。这场经历无须延长。正如汤马斯·哈代（Thomas Hardy）所说：“经验重在强度，而不是长度。”但正如我们所见，经验本身只是学习的一个支柱。其他还有日渐丰富的理论、原理、想法、例子、能力、技术，还有你个人的使用领导理念。一个可行的行动要点就是准备一个记事本，把你遇到的今后可以用到的与领导力相关的名言、例子和想法记录下来。你也可以准备本子用于收集文章和剪报。

此处再强调一次重点，本质上，领导力不能教会，只能学会。如果你努力学习领导力，但凡有一丁点潜力，你就会提升。实际上，天生有一点能力的人，努力研究任务、团队和个人三环，最终都会超越天资出众，但对拥有领导力却懒散随性的人，这些天资出众之人的毛病多年过后，就会像杂草般茂盛。他们不能将所学知识从一个情景转用到另一个情景，因为他们不理解产生奇效的原因。

仔细观察

这不免让我再次强调一个轻松提升领导力的重要方式：观察。从童年时在家，到求学阶段，我们都在观察带领我们的人。工作时，我们也是作为接收端感受着领导力。天啊，我经常会忘却本心，忘记自己迫切希望自己首任经理所做的事。

练习8：格物致知

拿出纸笔，列出与你共事的三位你评为优秀、中等和较弱的领导者。找出你从他们身上学到的正面案例和反面案例。

学习领导力，从差领导学习比从好领导学习要容易得多，正如莎士比亚所说："知恶方显知善的可贵。"好的领导力往往悄无声息，十分谦逊，但坏的领导力却时常对你大喊大叫。你会看到缺乏理解、麻木不仁、意志动摇、职能缺位、失去正直还有一系列问题。尽量像科学家一样客观，从任务、团队和个人三个重要领域，观察对团队和自身的影响。你可能也注意到了，正如之前一位主管跟我说过："'若不是极度缺乏鼓励，个人和团队不会做出极差的表现。'你觉得呢？"

如果你足够幸运，与你合作的领导者也会体现出书中的部分原则，哪怕并非全部。如果你更幸运，你的领导者将会是带你的导师。导师一词来自名叫曼托（Mentor）的真实人物，他是奥德赛的朋友，奥德赛在出征特洛伊战争时，把儿子忒勒马科斯（Telemachus）的教育交托于他。现在，这个名字表示智慧的顾问或向导。很多经理在职业初期都有这样的导师。

安德鲁·卡内基（Andrew Carniege）是19世纪美国伟大的实业家，他把自己的成功归于他的前任领导托马斯·A. 斯科特（Thomas A. Scott）。作为宾夕法尼亚州铁路公司西部管区的领导，斯科特注意到分给他的这个电报员有天赋，愿学习。

他不断让卡内基承担责任，给他亲身近距离观察学习的机会，不断培养他的自信心和成就感。由于自身的实力和成就，斯科特不担心卡内基个性强、动力足。相反，他对此充分调动，借此鼓励卡内基积极主动，设立宏伟目标。

晚年时，卡内基捐出了巨额财富，除此之外，还在他的故乡英国，建立了3000座图书馆。“死得富有的人死得可耻”，他如此写道，而且也践行了自己的理念。

认出机会

你会说卡内基很幸运，有斯科特这样的上司。从那些顺心或者不顺心的事件或环境来讲，运气确实对任何领导的职业生涯都会发挥作用。如果高特将军没有在空难中遇害，蒙哥马利就不会接管第八军。如果你不能识别幸运之手，你就是个傻瓜。要勇于承认这个令人不快的因素，但不可否认的是，它存在于生活的方方面面。

然而，你要想领导有方，就要积极对待运气。除非你在极端情况下，别无他法，能采取的下下策就是依靠运气。因为你自己总能走点运。培根说过：“智者创造的机会比发现的还多。”

不论机遇出现在你们公司，还是你从事的领域里，只要没有青睐你，你仍然毫无幸运可言。一旦你坚定信心，踏上领导力之路，很快你就会看到这些机会。你会突然得到机会，或者努力够一够它们。

EFFECTIVE LEADERSHIP

做好准备

有时，我听到一些年轻人怨天尤人说，进步往往都是走运。对于这种失败主义的态度我很心痛。说好运就在那里，就像雷鸣正好击中那一处，好运没有用，却又显得不实诚。但机会来临时，即便是偶然降临也好，这个人也要做好准备，必须能够接住这份幸运；否则，他的成功也会很短暂。稳步上位往往是努力工作、长时间自我提升、恪守原则的结果。

在白宫工作时，一天，我召进了一个助手，他能力强、脾气好。我问他是否愿意接受一份工作机会，这个工作要付更多责任，酬劳也更丰厚。我和他解释说，他可能会更独立地工作，很大程度上为自己的决定负责。他思考了一会儿，回复说："不了，我不擅长这个。我是备选，我想到了一个合适人选。我不适合这个工作，也不愿承担。"

虽然他的答复让我吃惊，但我尊重他的诚恳。此外，世上确实需要有能力的候选人们，每个人在自己的层级上，都表现得很好。

但我要敦促有抱负的年轻人们，不要草率地下定论说自己不适合当高层领导。我经常看到有人怀疑自身的资源，但在机会来临时，却能把控局面，表现得很有能力。

——德怀特·D. 艾森豪威尔（Dwight D. Eisenhower）

你对生活思考得越多，对自己又太过老实，机会和运气在你工作领域的作用就越小。在一场高尔夫锦标赛上，一位女观众对一名著名选手高喊："嘿，这一杆真幸运。"高尔夫球手转过身说："女士，练习越多，就越幸运！"

如果你努力提升领导力，你就会像磁铁一样吸引到机会。技巧就是充分观察，观察每个部门领导的艺术，还有座右铭"做好准备"。人们恭喜路易斯·巴斯德（Louis Pasteur）偶然发现巴氏灭菌法时，他回答说："机会青睐有准备的人。"所以，秘密就是今日努力研究领导力，明日就很有可能掌控领导力。抓住小机会，大运也会接踵而至。

在高层领导岗位时你会如何应对，只有等你做到那个职位才会知道。可能你会因能力不佳，拉低领导水平，也可能渐入佳境。你在领导者岗位的真实表现很大程度上取决于你的自我培养。随着不断的自我培养，你可能想改变自己最初想达到的领导层高度。

找到动机

巴斯德说过，"努力研究，坚持不懈"。你是否准备好付出努力培养个人领导潜力，首先取决于内心能否燃起想当成功领导者的欲望。如果没有这么强的动力，只要一出现困难，你就会放弃。这个欲望部分反映了你的能力水平。莫扎特谱曲和弹奏歌曲有极大的热情，因为他对此有天赋。

如果领导力是你的天职，你会觉得自己一定要利用和培养自己的领导力天赋，如果做不到，就会很沮丧。但这部分也是你致力于此的成果。奥利弗·克伦威尔说过："将那些斗志高昂的首领派给我吧，他们明白自己的奋斗目标，也喜欢所了解的事业。"你可以培养自己成为领导者的动力，最好是找一个自己觉得十分有趣、付出又很值得的领域。那么，你就会对手边的工作异常执着。

吸取教训

假设你有了十分合理的动机担任领导者，也设计了自身培养计划，可能也需要外部培训机构的帮助，这样才能为等待你的领导机遇做好准备，但你还是要提前考虑到一个意外情况：失败。在发挥领导力时，你肯定会遇到失败，因为如果你不愿意与失败共舞，就不可能大获成功。

利用三环模型和本书的内容，努力找出失败的原因，可能是自身的，也可能来自你无法掌控的外部环境。但你需要知道原因。所以，你必须不懈地找出失败原因，就像在调查空难一样。直到你了解故障原因，改善了自身和公司的问题，你才会获得重新飞翔的信心。爱默生说过："人的成功由许多失败组成，因为人每天都要实验、冒险，失败越多，进步越快……我听说马术里，没从马上摔下来的人不会是好骑手；直到从马上摔下来了，才能成为好骑手；这样他就不会被恐惧所操控而担心摔倒，也就可以骑到目的地。"

所以，失败是成功之母，它会给你谦逊这个无价之宝。正如一家美国公司副总跟我说的："我成就颇丰，不惧绝望，但也多次失败，教我懂得谦逊。"

学习过程中，你需要准确的反馈，了解你是一个什么样的领导者。你给人的印象可能并不是你内心的想法。不论你是否寻求反馈，都试着寻找一种适合你的反馈方式，与上级、同事和下属交流。记住匈牙利的名言：

当一个人说你是匹马，对他笑笑；
当两个人说你是匹马，思考一下；
当三个人说你是匹马，你最好给自己买个马鞍。

如果你知道自己给人的一般印象，无论是自己的品质、学识还是职责上的，你都有自由改变自己的行为。有时可能很痛，但往往就是从刺痛的反馈中，我们学得更多，我们就会知道只有通过别人的眼，才能看到自己的错误。很快，我们就会理解，这种痛苦的自我认知是福。

想象成功

谈到培养强烈的欲望，要明白，想象会引导意志力。小学生们经常会想象自己能够实现丰功伟绩或有重大发现。有目的的梦想是人类的本性让我们为未来做准备的方式。你想要更有动力，就开始动用你的想象力吧。想象自己想达到怎样的高度，如何表现。不要因为感觉当前缺乏动力就放弃。你可以在力所能及之内有所建树，尤其是知道什么能最有效地让你活力满满的事。

领导力的本质

1930年，约翰·巴肯（John Buchan）在圣安德鲁斯大学做了题为“蒙特罗斯与领导力”（Montrose and Leadership）的讲座。他将以下内容表达得最为清楚：

最后说一下，我们可以像分析化学成分一样分析领导力，但我们永远不会提取出里面的本质。总有一些我们捕捉不到的东西，因为领导力中总有一丝奇幻色彩。

这个奇幻成分，我会当作是灵魂对灵魂的回应。所有人，甚至最低微的人，都会和神明有相似之处，它能够超脱普通的情感和简单奖励的诱惑，超脱痛苦和迷茫，甚至超脱生死。真正的领导者会唤起这个相同之处。领导者的伟大会赢得响应，让他的下属也相应伟大起来。

蒙特罗斯在征税的时候也考虑到了这个神圣之物，当地的人怎样才会死心塌地地追随政府。当时爱丁堡暴动时，他们也追求如此。即便当时他被迫成为领导者，为人们所鄙夷。但他真的成了领导者，也有了忠实追随者。不论是回应圣人、十字军还是伟大领袖的呼唤，还是马志尼（Mazzini）赢得无知人民的心，为无私事业奋斗，再或是面对英格兰最粗鲁底层的阶级，约翰·卫斯理（John Wesley）唤起了他们的精神力量，领导力贯穿在历史上各个时期。

领导力的任务不是强加给人们壮伟感，而是要发挥人性的伟大，因为人性本身就伟大。我今天下午最后让大家反思这个话题。我相信这个毋庸置疑。这个真相是所有宗教的基础，是民主的唯一依据，也是人们平凡生活的基础和希望。

练习9：领导力远见

你有信心自己选对了发挥领导力的工作领域了吗？

你如何评价自己提升领导力的动机和欲望？

熊熊烈火 ＿＿＿＿＿＿

和煦火花 ＿＿＿＿＿＿

点点火星 ＿＿＿＿＿＿

将熄之火 ＿＿＿＿＿＿

你能想象出自己已经身处高级领导职位了吗？

有人曾经称高尔夫是“令人臣服的游戏”。行使领导力时，不更是如此吗！这里，你实际上是在和自己较劲。如果你扬长避短，应用领导力原则，你作为领导者的表现自然会变好，但要学习的仍然很多。

一旦你到达一个层级，你会看到下一个品质高峰。你可能会觉得自己已经掌握了规划、控制和评估职能。但这就是领导力的全部吗？前方还有一座山向你靠近：激励能力。事情还会继续。正是因为领导力这个主题无穷无尽，所以我们会为之吸引。随着你的深入，你会发现技能和技巧本身并不足够。正如约瑟夫·康拉德所说：“为了吃上面包，实实在在、无懈可击的效率就能自然而然地实现。但此外，还有一个更高的目标，除了技能之外的微妙的、无可匹及的那一份爱和自豪感；这几乎算得上是一种工作灵感，让成品都成了艺术，纯粹的艺术。”至少要让你大致明白了“那一份微妙且真实的爱”在领导力中意味着什么，本书才可以算得上成功。

修订本书时，我意识到我更想强调领导力的挑战、要求、困难，甚至是领导责任。我在这里对这种平衡稍加调整一下，谈谈当领导者的收获和欢乐。安·曼赛尔（Ann Mansell）是家大型生产商的高管，令人印象深刻。她跟我分享过自己对领导力的看法。你会注意到，领导力如何与三环模型和领导力的一般职责紧密联系起来的。下面是她的想法。

作为经理，我的职责就是管理得当，满足公司的需要，达成同事的共同目标，成就自我。为了实现这一点，我要确保对我负责且完成任务的人可以从中获得满足和快乐。

没错，我说的就是快乐。困难的任务不会阻止人们享受快乐。当一份工作没了快乐，有人就会认真思考是否他们准备好应对了。如今担任经理需要幽默感。

我带领团队很多次了，有一次任务的进行举步维艰，但是团队成员大力支持，热情满满，那是我个人最满意的一次。

但我相信，为了实现那个整体目标，每个团队成员都必须要付出努力，这会远远超越任务本身提出的要求。任务也更有收获感。如果我们尝试对照任务要求，评判付出的努力，就会像在判断我们能否在没有服下苦口良药的情况下战胜肺炎一样。我们永远无法知道，但我们还要为存活下来心存感激。给组织中的每个人创造满意的工作环境，这本身就是个目标。这并不要求环境轻松愉快，但至少要让员工感到劳有所获。

做事热情，奋力完成目标，充分利用资源，用热情感动别人，这都是领导力的内容，会让成功的经理更有吸引力。

我可能会和许多经理分享一个定义，关于真正领导力不应该包含的内容：领导力不是权力，而是一个人合情合理的自我约束，身体力行。当我们意识到领导力时，我们大多数人至少能将其辨认出来，表示钦佩，给予回应。

练习10：自我培养

从以下内容中选出三个目标，并把它们纳入今后五年的自身领导力培养计划中。

1. 至少参加两次“企业人事面”的短期培训课程，比如包含公众演讲、沟通方法、领导力、面试技巧、决策制定或创意思考。

2. 与你尊重的五位领导举行正式或非正式会面，倾听他们对领导力的看法，了解他们为何会有这些想法。你所在行业或工作的领导不得超过三名。

3. 请教十位所属工作组或组织之外的人员，了解他们最重视和不重视领导的什么行为。把回复记录在笔记本上。

4. 五年里，每年读一本启发你的有关领导力和管理的书，每本至少记录五个行动点。

5. 下面三个月，回答如下问题：

◎ 在我的工作生涯中，个人目标是什么？

◎ 它们在我的生活中起什么作用？

◎ 对于达成这些目标，我寄予了什么期望？

◎ 这些目标什么时候可以实现？我的计划如何？

◎ 我现在所处的环境如何？我要实现什么目标？

◎ 我如何提升自己当前的绩效？

◎ 谁是我最得力的顾问和谏客？

6. 准确评价你工作的单位对你的领导潜力的看法。找出并评估此阶段组织发展你潜力的项目。

7. 制定一个应急预案，以你的组织今后五年不会给你真正发挥领导力的机会为假设情景。

8. 如果现有的工作不能给你很多机会培养领导力，或者没有充分利用你的才能，再选择一个能让你在领导力上做出业绩的领域，比如青年义工、社区服务、当地政府、教会服务和政治服务等。情景的改变，就能让你紧张激动起来。

9. 空闲时间内，免费给当地一家运营不善的组织进行一次领导力调查，组织可以是慈善团体或者服务机构。使用三环模型，找出错在何处。给出包含领导力培训的行动计划并实施。

10. 谁明理，谁管理。选择一个课程，一方面提升并拓宽你的专业知识，另一方面增加你一般的管理知识，比如财务、影响、生产和分销。制订计划，劝说公司派你去培训符合公司利益。

你选择哪三个目标？

序号	完成日期
____________	________________________
____________	________________________
____________	________________________

小结

领导力自我培养计划要反映出自身想充分利用才华的执着和热度。计划要尽量关注实际步骤，因为只要做对了事，你就可能成为领导者。这没有什么神奇之处，成功也没有速成宝典。别等正确的态度出现，这可能要多年时间。行动产生态度。如果你借鉴真正领导者的例子，清楚知道自己要成为什么样的人，那么万事万物都会为将你培养成那样展开协作。

经验和理论、成功和失败、朋友和敌人都会多多少少帮助你。如果你对你的职业有着高远的目标，就别怕敢为人先，甚至冒险。

好消息是，领导力的知识常学常新。对于领导力，没人可以无所不知，万事都做。最重要的是，你要知道自己正在领导力的路上稳步向前，抛弃过往的失败和失望。真正的领导者，就像华兹华斯写的“快乐勇士”一样，“面向未来，持之以恒，超越自我，不断精进”。

在本书中，我谈了一些个人的心路历程。现在，我们即将告别，让我以17世纪德国诗人的诗与你送别：

朋友，你已博闻强识；
但你还想了解更多。
踏上自己征途；
这就是征途的意义。

清单练习：自身的领导力培养计划

	是	否
你现在起草了一个行动或成长计划并覆盖了以下内容吗？	□	□
短期目标（明天起至1年内）	□	□
中期目标（1至3年内）	□	□
长期目标（4至10年内）	□	□
你的日记里有进度检查的具体日期吗？	□	□
你能和同事或者外部人士讨论自己的计划，了解计划属于如下哪种性质吗？		
极具抱负	□	□
过于保守	□	□
过于含糊	□	□
太不现实	□	□

读完本书，你觉得书中哪一句话是至理名言？记录如下：

____

____

你准备好6个月后再读这句话，看看对你的领导才能有何影响吗？	□	□
你从“自我培养”练习的10个选项中选出三个目标，并把它们纳入自己的项目中了吗？	□	□

现在返回练习，再选三个不在你项目内的目标，放在接下来这一年里考虑。

____

____

____

附录

EFFECTIVE LEADERSHIP

ANSWERS

练习答案

练习2：你真的理解担任一把手需要的能力吗？（第13页）

一系列成功的首席执行官对最高管理层最有价值的品质进行排名。

1. 决断力
2. 领导能力
3. 正直
4. 热情
5. 想象力
6. 工作意愿
7. 分析能力
8. 理解他人
9. 发现机遇的能力
10. 随遇而安的能力
11. 应变能力
12. 愿意冒风险
13. 进取心
14. 谈吐清晰
15. 我行我素
16. 高效执行力
17. 心胸开阔
18. 决心
19. 长时间工作的意愿
20. 抱负
21. 专心致志
22. 书面表达清晰
23. 好奇心
24. 精通数理
25. 抽象能力

练习5：创意方案（第82页）

1. 许多人潜意识会把这些点包含在框架内。他们的这种假设却没有成功。但是，这个问题必须跳出那个自我的隐形障碍。答案如下：

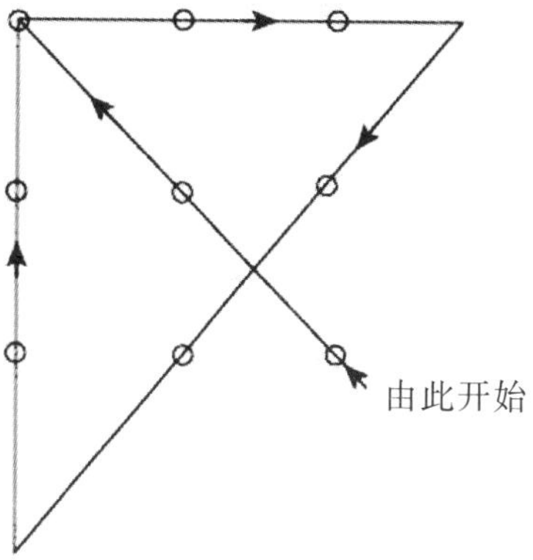

2. 同样，人们试着用两种维度来解决这个六根火柴棒的问题。但是，最佳的解决方法是打破这种假设，构建一个“三维金字塔”。“大卫之星”也可以。这就需要一些创造力，因为你至少把六根火柴相互重叠了，但这么做会比较乏味。

图书在版编目（CIP）数据

高效领导：成功领导的行动指南 /（英）约翰·阿代尔著；霍亚迪译．—杭州 ：浙江人民出版社，2022.11
ISBN 978-7-213-10689-7

Ⅰ．①高… Ⅱ．①约… ②霍… Ⅲ．①企业领导学 Ⅳ．①F272.91

中国版本图书馆CIP数据核字(2022)第131999号

浙江省版权局
著作权合同登记章
图字：11-2020-072

First published 2009 by Macmillan an imprint of Pan Macmillan,
a division of Macmillan Publishers International Limited

高效领导　成功领导的行动指南

Gaoxiao Lingdao: Chenggong Lingdao de Xingdong Zhinan

[英]约翰·阿代尔　著　霍亚迪　译

出版发行：浙江人民出版社（杭州市体育场路347号　邮编　310006）
　　　　　市场部电话：(0571)85061682　85176516
责任编辑：陈　源
营销编辑：陈雯怡　陈芊如
责任校对：杨　帆
责任印务：刘彭年
封面设计：济南新艺书文化
电脑制版：杭州兴邦电子印务有限公司
印　　刷：杭州钱江彩色印务有限公司
开　　本：710毫米×1000毫米　1/16　　印　　张：12.75
字　　数：157千字　　插　　页：2
版　　次：2022年11月第1版　　印　　次：2022年11月第1次印刷
书　　号：ISBN 978-7-213-10689-7
定　　价：58.00元